思想觀念的帶動者

文化現象的觀察者

本土經驗的整理者

生命故事的關懷者

心靈工坊 [PsyGarden]
Master

對於人類心理現象的描述與詮釋
有著源遠流長的古典主張,有著速簡華麗的現代議題
構築一座探究心靈活動的殿堂
我們在文字與閱讀中,尋找那奠基的源頭

聖 與 俗

DAS HEILIGE UND DAS PROFANE
VOM WESEN DES RELIGIÖSEN
by
MIRCEA ELIADE

神話、儀式，與宗教人的宇宙觀

著	譯	審閱
米爾恰·伊利亞德	楊素娥	蔡源林

目錄

第一章　神聖空間與建構世界的神聖性 ⋯⋯⋯⋯⋯⋯ 55

空間的同質性與聖顯／神顯與記號／混沌與宇宙／空間的祝聖
即宇宙創生的重複／世界的中心／「我們的世界」總是被安置
於中心／城市－宇宙／開始從事世界的創造／宇宙創生與建築
祭禮／聖殿、大教堂、主教座堂／小結

第二章　神聖時間與祕思 ⋯⋯⋯⋯⋯⋯⋯⋯⋯⋯⋯⋯ 97

凡俗期間與神聖時間／聖殿與時間／創造的每年重複／透過回
歸最初的時間再生／節慶時間與各種節慶的結構／定期進入眾

【推薦序 1】

重拾神聖、完成人性： 《聖與俗》推薦序

蔡怡佳／輔仁大學宗教學系教授

《聖與俗》是宗教學者伊利亞德的經典著作，英譯的版本出版於 1957 年，中譯本則是在 2000 年由桂冠出版社出版，作為「當代思潮系列叢書」中之「哲學與宗教學」選書之一。《聖與俗》是台灣宗教學課程的必讀經典，可惜後來絕版，成為市面上難尋的著作。心靈工坊規劃出版伊利亞德的系列著作，在出版《神聖的顯現》後，接著出版《聖與俗》，有很重要的意義。《聖與俗》的重新出版不但延續宗教人文經典的知識生命，也回應當代心靈探求中對於宗教與靈性重新認識的渴望。

伊利亞德在出版於 1949 年的《神聖的顯現》中，以現象學描述的手法勾勒「宇宙宗教」，從大自然的象徵（天、太陽、月亮、水、石頭、大地、植物、農業）切入，最後再以空間、時間、神話與象徵討論神聖顯現的種種樣態。數年之後出版的《聖與俗》可以視為伊利亞德對種種聖顯樣態進一步的理論化，企圖提出關於「宗教本質」的整體理論。伊利亞德認為從最原始的宗教到高度發展的宗教，貫串宗教發展歷史最核心的本質就是大量的「聖顯」（hierophany）。宗教的本質即是「神聖」與「世

俗」的辯證。《聖與俗》從神聖空間與神聖時間談起，原來在
《神聖的顯現》中佔最大篇幅的「宇宙宗教」凝縮為一章，最後
則從「人的存在」討論何謂具有神聖意涵的生活。時間、空間、
自然與存在，於是成為伊利亞德進行理論化思索時的四個面向。
如果讀者曾經在《神聖的顯現》中閱讀到伊利亞德對聖顯樣態精
彩而豐富的討論，那麼在《聖與俗》中則可以看見更為凝鍊的理
論思維，以及這樣的思維如何對於人類的存在提出神聖的看見。

　　伊利亞德認為人類的生命中存在著的不只是人性，更有宇宙
性的超人性幅度。世俗與神聖的雙重結構也可以理解為人性與
超人性的兩層存在面向。人性意義的完成在於與超人性宇宙面向
的連結：「當一個人誕生之時，他還尚未完全，必須經過第二
次、靈性上的出生；從不完美、胚胎的狀態，通向完美、成人
的狀態，如此他才成為一個完全的人……人在存在通過一系列的
『通過儀式』，簡言之就是一連串的入門禮，而達到圓滿。」換
言之，人性的完成在於從世俗到神聖的轉向與回歸。生命中的神
聖幅度不是宗教信徒的專屬，而是人性的普遍向度。伊利亞德認
為我們活在一個「剔除神聖」的時代，因此，對於「神聖」的恢
復，就是要重拾人性中已經失落的重要拼圖。

　　神聖與現代人有何關係？伊利亞德不從各宗教傳統的神聖觀
或靈修實踐切入，而是從上述之時間、空間、自然與存在四個面
向討論與神聖的連結以及生活的「聖化」。剔除神聖的現代人是
以剔除祖先「迷信」的方式「釋放」與「淨化」自身，現代人
「藉著一系列的否定和拒絕來塑造自己，卻仍不斷地被他所棄絕

和否定的實體所糾纏」。對伊利亞德來說，倒空自身宗教性的後果即是存在終極意義的失落。伊利亞德從「原始人」與「古代宗教」的神話、儀式與象徵系統中重新指出神聖的意義，可以類比為精神分析或分析心理學中對於被壓抑之無意識的重新肯認與認識。而伊利亞德也的確將精神分析理解為現代人的「入門禮」：「病人被要求深度地進入自我裡頭，讓他的過去再度活現起來，他被要求再次對抗受創的經驗；而從某個形式的觀點來說，這個危險的做法，類似入門禮中下降進入地獄、魔鬼的領域，以及與巨獸對抗。正如入門者被期待從他痛苦的得勝中誕生——簡而言之，就是經歷『死亡』與『被復活』，以便能獲得一完全有能力負責之生活方式的途徑，及向靈性價值的開放；所以，今日病人從事分析，必須對抗他自己的『無意識』，亦即被魔鬼和巨獸捕獵的『無意識』，以便找到心靈的健康與整合文化價值的世界。」

　　《聖與俗》作為宗教學的經典著作，其重新出版不只對宗教學的理論開展有重要意義，也是當代人追尋生命存在意義的珍貴遺產。閱讀《聖與俗》於是也可以作為恢復神聖的「入門禮」，回應生命對於神聖的永恆鄉愁。

【推薦序 2】

沒有「非宗教人」，
只有尚未覺知宗教需求的現代人

鐘穎／諮商心理師、作家、愛智者書寫創辦人

每個學科都應該給伊利亞德一個位置，否則我們就不知道自己的理想、專業、追求或所使用的語言，其背後經常反應了宗教的需求。

以榮格心理學為例，個體化或者陰影工作，指的就是進入異界和惡魔（亦即創傷）搏鬥的過程，目的是完成個人的啟蒙，讓自己在象徵的層次上獲得新生命。

以群眾運動為例，我們所熱中的政治改革或各種社會議題，往往會勾動眾人的情結，反應集體的陰影。雙方都將對立面視為邪惡，而正直與良善則毫無例外地站在自己這一邊。

上述運動大至民族與國家，小至個人內在，無不再現著人類謀求在混沌中建立型式，在必死的生命上建立永恆的心理願望。人若不對內尋求轉化，就會向外尋求「正確」——因為我正確，所以我必將得到不朽的生命；為了得到不朽的生命，他人只能是錯誤的。

無論是向內還是向外的尋求，其所反應的常常是「通過儀式」的需求，一種成年禮。我們藉由這項儀式變成熟，成為一個

「再次出生」的新人。只不過將個體化視為使命的現代人，會將成熟的責任放在自己身上；而缺乏覺知的人則相反，他們藉由排除異己，來讓自己獲得救贖。

我們並非不再相信有神，只是將神的面貌換成金錢、政治人物、公平正義、自我實現，或者其他冠冕堂皇的世俗價值。因此，伊利亞德這本小書所探討的看似是「宗教人」與「非宗教人」行為舉止背後的假設及宇宙觀，但事實上，我們似乎可以這麼說，那就是這世上根本不存在非宗教人，有的僅是尚未覺知自己有宗教需求與行為的現代人。

這點除了書中所指出來的馬克思主義外，在各種愛國口號與民族主義的情緒中同樣可以看見。那裡既沒有永恆往復的神聖時間，也沒有可以具象為世界中心的神聖空間。對現代人而言，廟宇是夜市的中心而不是宇宙的創生之地，年節也不再是為了帶我們回到神聖的起源，而是又一個購物的日子。消費成為了新的神祇，透過消費我們更新了生命。

我們不再抬頭仰望星空，觀察月相的變化，而是低頭滑著手機，觀察讚數的增長。網紅驚愕於演算法的多變與無情，為生成式 AI 日益迭代的能力恐懼且擔心，但無論如何，崇拜人造的神靈比受制於自然的神靈更令人驕傲。

當伊利亞德點出了宗教人的行為動機時，我們這才發現，原來人一直自比為神，或者說，人藉由重演神話中的描述，讓自己的行為舉止像個英雄，讓自己無愧於個人有限的一生。

如今，我們的神話已經死去，它從指導我們生活的口傳，成

為了電動玩具的背景。弔詭的是，它對人類的吸引力並不因此喪失，反而有增無減。

這再度說明了心理學家榮格的真知灼見，宗教需求是人的基本需求。不為什麼，只因人是有限的，人必須將他自己、他的生活空間，和整個宇宙相連，唯有如此，我們才能在象徵上趨於無限。

宗教需求也是人之所以有別於動物的高等智慧。動物們雖會為死去的同類乃至自己的死而難過，但通常時間有限，也尚未能發展出特定的儀式與哲思。似乎只有人類受到了這份源於認知能力的詛咒，我們會為自己與同類的死亡而哀淒，而這卻激發了人們去尋找和活出自己理想的人格典範。西方人找到了基督，東方人找到了佛陀，不同文化都找到了自己的聖人。

這麼說來，正是俗人的死亡使我們找到了神聖的生命，詛咒因此成為祝福。聖俗之間看似不可跨越，兩極之間卻彼此流動。

這本書理應被關切人性的讀者收在書架，因為伊利亞德所談的不僅是聖與俗，更是人類行為的基本模式。你可能會大感意外，因為從宗教眼光看見的東西，竟然比我們以為的還要多。

【推薦序 3】

聖俗之間：
一個台灣原民生態靈性觀的回應

林益仁／台北藝術大學博物館研究所教授

　　當我在閱讀《聖與俗》這本宗教學大師伊利亞德的中譯本時，自己正忙著四處宣傳另一本名為《神聖生態學》的生態經典作品。值得一提的是，友人們問我究竟為何生態學要加上「神聖」二字呢？這個提問，讓我直覺地想到《聖與俗》一書或許有答案。

　　生態學，在台灣一直是被當成為一種自然科學來理解，很多人認為自然科學應該著重於對自然理化與生物性的探索。換句話說，這些探索應該是傾向於世俗的面向，且與「神聖」的概念相距甚遠才對。也是基於以上認知，友人們紛紛提出疑問，探問「神聖」為何？其實，《神聖生態學》一書作者費克雷特·伯克斯（Fikret Berkes）教授並未對「神聖」一詞做出詳細的考察與定義，但卻明確地從介紹原住民族的傳統生態知識中，指出神聖性存在的重要。他並指出，在世界各地的原民世界觀都共感某種「萬物彼此互相依存」的理解。這是如生態神學家托馬斯·貝里（Thomas Berry）所言，普存於任何宗教信仰內涵中且與大地超越性連結的關係狀態。巧合的是，這些道理竟然與伊利亞德在

本書中運用「聖顯」（hierophany）概念來理解「神聖空間」與「神聖時間」的論述，有許多不謀而合之處。不過，在進入解釋之前或許先讓我講一段在台灣原民部落的往事。

多年前的春天，我帶著學生去到新竹尖石鄉的宇老部落，在那裡參與了播種小米的儀式。印象中，這是簡單但卻慎重的儀式。部落耆老以半蹲之姿蹲在耕作的土地旁，面對著黑黝的土壤，一手舉起盛酒的竹杯，口中念念有詞。話語完畢，他將竹杯的酒灑向土壤，接著拿出小鋤頭，輕掘土壤，小心翼翼地將種子連同事先準備好沾黏在鋤頭尖的一小塊糯小米團，一起埋入土中。儀式完畢，我恭敬地詢問了耆老這個儀式的深義？他說，竹杯的酒水乃是溝通的媒介，而溝通的對象是曾經使用過該地的所有生靈，包括祖靈以及其他與那塊土地有關係的生靈。溝通的目的包括尊重、尋求祝福以及取得諒解等多層的含義。

小米播種前的這個儀式稱為 Sbalay。Sbalay，在泰雅族是一個確認與重建和諧關係的重要儀式，運用在許多種不同的場合；balay 有「真實」的含義，Sbalay 即是尋求或是回復真實（原先狀態）所做的一切努力，所以也有關係和解以及隨之而來的祝福等衍生意義。伊利亞德說：「聖顯」是「一個不屬於我們這個世界的實體，以一個在我們自然凡俗世界中不可或缺部分的物質，向我們顯現。」在小米播種的例子中，小米種子、黝黑的土壤、鋤頭、週遭的自然萬物等都是日常平凡的物質，但在儀式的過程中卻連結到一些我們看不見的存在與世界。在過程中，我們彷彿進到另一個更廣闊的空間，且親近了遠古的祖靈與其他的存在。

這樣的時空連結了過去與現在，此岸與彼岸，構成了祝福與和諧的圓融狀態，泰雅人稱之為「回到真實狀態」，亦即是 Sbalay。用伊利亞德的話說，就是「聖顯」的時空。Sbalay 所表達的「聖顯」，讓生命中許多不可解、不確定、破裂且衝突矛盾的關係，達到一個和解的狀態，這是俗世無法自解的事物，必須有神聖的介入。伯克斯認為這是原住民族在傳統生態智慧中看到，但卻在當代自然科學研究中刻意遺漏的部分。

耆老說泰雅族相信萬物有靈，所以在播種小米之前舉行 Sbalay，是一種與曾經使用過此一土地的生靈重新建立和諧關係的儀式。宗教學者格雷厄姆‧哈維（Graham Harvey）曾說世界上許多原住民族具有萬物有靈的想法，他們相信世界上有很多種「人」（persons），其中有一些是人類，但有些則否。此外，「人」生命的總體展現總是表達於「人」如何與其他的「人」建立關係的過程當中。因此，一個被稱為好的「人」其成立的要件，就是在與其他「人」建立互相敬重的關係中建立。他甚至將這樣的想法連結到猶太哲學家馬丁‧布伯（Martin Buber）的吾－汝（I-Thou）與吾－它（I-It）的關係對比之上，認為前者乃是將其他「人」視為能思考有感情的主體，而不是如後者一般將對方看成是可以被動擺弄的客體而已。可見，傳統的泰雅文化中並未將生產食物的土地單純當成是一種資源利用或是私有財產而已。反之，在生產小米的過程中，其實更重要的是建立一種健全的生態關係網絡。在這個網絡中，現在的農夫與過去世代使用此一土地的農夫、動物、植物與土壤的關係是一個跨越時間尺

度，連結在一個地方的整全有機集合體。更重要的是，這個集合體並非僅指物質層面的連結，在其背後更包含了靈性的層面。

泰雅族的傳統儀式，不僅是一種信仰表達，更有深刻的生態意涵。換句話說，就是一種廣義的家園想像，這個想像的範疇超越家屋、具有血緣的親人，它是以土地生產的物質層面做為連結媒介所產生出的非物質層面關係網絡。這層非物質的關係，包含心理與社會性，甚至有深刻的靈性層面。其實相較這些不同層面，靈性的層面是比較神祕且較難理解的一部分，就像是當面對著老在儀式中念念有詞的時刻，我們總是很難理解。宗教學者大衛・特雷西（David Tracy）指出，靈性是一種尋求與神聖者建立敏銳、反思、以及改造關係的能力。這種能力是當我們面對神祕無可附加的力量之際，能夠以開放的態度接納自身在世界存有其不確定性，但卻能處之安然的態度。面對世界，靈性的力量不是要進行全面的控制，而是願意在偉大的奧祕之前保持謙卑與尊敬的態度。相當程度上，特雷西的說法具體說明了小米播種前的 Sbalay 儀式所展現的整體氛圍。而《聖與俗》一書中，伊利亞德的核心概念「聖顯」正好在 Sbalay 的儀式中找到了呼應，其重點在於「聖」與「俗」之間存在的辯證關係，並非截然的對立，而是互依。如此，Sbalay 又多了一些生態意涵的延伸以及對於家園建構在靈性層面上的豐富實踐。

【審閱序】
宗教通識教育的必備讀本

蔡源林／國立政治大學宗教研究所專任副教授

　　本書是伊利亞德宗教學理論體系的精簡本，也是這位二十世紀宗教學大師的著作最早在台灣出版的中譯本之一。猶記二十多年前，宗教學才剛被納入台灣學術體制成為新興學科之一，各大學宗教學系所的同行們苦於缺乏深入淺出的教科書可用，伊利亞德體系完整、深廣度兼具的著作便成為入門書的首選，「聖與俗」、「聖顯」、「永恆回歸」、「神話與象徵」等伊利亞德學說的核心概念，隨之成為宗教學系所同學們最耳熟能詳、朗朗上口的通關密語。嚴格說來，伊利亞德的原著並不容易讀懂，雖然其概念架構與論述邏輯相當清晰而不難掌握，但百科全書式的書寫手法，如同心靈導航般引領讀者神遊奇幻絢麗的宗教密境，穿越不同的時空領域，從西亞古文明的神話、美洲原住民的傳說、大洋洲島民的祭典，乃至各大世界宗教的聖典、入教儀式與修練法門，所有制度宗教與民間信仰的口述、文本、圖像與儀式等，俯拾皆成構築其理論聖殿的建材與裝潢。缺乏宗教通識教育的台灣讀者，對伊利亞德所引述的典故與素材恐怕相當陌生；反之，吾人較熟悉的東亞宗教與文明，則是伊利亞德學術生涯涉獵最少

的文明體系，故其著作較少著墨於東亞的宗教傳統。因此，閱讀伊利亞德必須先跨越異文化的重重關卡，才能有柳暗花明又一村的探索樂趣。

伊利亞德將宗教界定為人類從凡俗進入神聖的轉化過程，並從空間、時間、大宇宙、小宇宙（人類個體）四個向度來剖析此一動態與辯證的過程，本書的四章便是對應上述四向度的聖俗動態關係進行鋪陳。簡言之，每一向度都有凡俗與神聖的兩種狀態，透過各種宗教實修的方法，宗教人能從凡俗的空間與時間經驗逐漸進入神聖的空間與時間經驗，甚至能體驗到大宇宙由凡轉聖的「聖顯」。伊利亞德認為每一宗教傳統皆有類似大宇宙與小宇宙合一的體驗，如「天人合一」、「神人合一」、「梵我合一」等不同的說法，皆指涉宗教轉化所產生的高峰經驗。

筆者十多年來皆用本書作為大學部宗教通識課程的教科書，因為伊利亞德的理論觸及宗教現象的共通性，不囿限於特定的宗教傳統，也比大多數深奧的宗教義理或說教，更容易向非宗教信仰者說清楚講明白，並有可驗證性。不過，一般用心研讀的同學雖可掌握神聖空間、神聖時間、自我聖化等概念的意旨，但對書中令人生畏的古老神話典故或遙遠部落的傳說與儀式則難以理解。依筆者經驗，如果用台灣人常見的佛教、道教或民間信仰的義理與儀式來應證其理論，學習效果會更好，所以筆者會有幾堂課安排校外教學，讓同學們實地觀察寺廟或參與儀式活動，親身體驗由凡入聖的「聖顯」的過程。但如此一來，伊利亞德書中精采的異域文明之神話、傳說與儀式，對上課同學們依舊是無解的

公案而被擱置一旁，這本教科書的使用率始終難以突破五成！

去年心靈工坊告知將再版本書，筆者決定動點手腳嘗試縮短本書與讀者的知性距離，將伊利亞德所引述的典故、神話、儀式、民族誌，乃至今日已乏人問津的學術文獻，皆加入簡單的註解[1]，以便想深入探索的讀者，或者像筆者一樣用本書作為宗教學教科書的老師們，可以循線索找到參考資料，對伊利亞德為驗證其理論所引述的實例更知其所以然。二十年前網路資訊工具還不普及，要對伊利亞德如此旁徵博引的著作加註，是幾近不可能的任務，原譯本僅對基督宗教的典故與術語加註，其他宗教與文化傳統的典故大多留白。但今日拜學術資料數位化與網路化之賜，如筆者的博學程度不及伊利亞德十分之一者，亦可將其所採用的罕見典故與文獻，逐一破解而尋到資料來源與其時空脈絡，以便好學慎思的讀者可以自行蒐尋到應證其論述的參考資料。若有錯謬疏漏之處，敬盼各方學術行家不吝指正！

1　編註：審閱者所加上的註解，見於各「校註」，也零星見於正文中以括號方式作資料補充處。

在百科全書式的旅途漫步：
一種閱讀伊利亞德[1] 的方式

王鏡玲／真理大學宗教文化與資訊管理學系教授

一、百科全書式的知識地圖

大約 1993 年 的 春 天，在 芝 加 哥 大 學（University of Chicago）的洛克斐勒大教堂做禮拜時，聽見主持禮拜的牧師提到，伊利亞德的《聖與俗》這本書將成為教會裡給成年人的主日學閱讀教材。這對於當時還把這本書定位為宗教系所課堂用書的我來說，感到相當新鮮，繼而想起伊利亞德自己在日記裡曾經說過，他不希望他的書只是寫給宗教研究的同道，更希望給一般大眾閱讀，讓他們發現生活中的宗教向度。而他也的確達到了他的理想。三十多年後，我們看到了《聖與俗》在多元宗教研究光譜上的各式運用。

伊利亞德興趣廣泛，浪跡天涯，接觸到西方與東方的各種宗教文化，這些交融在他的研究主題裡，也讓他成了繼二十世紀早期英國重要的宗教研究學者弗雷澤（James Frazer）之後，另一

1　伊利亞德（Mircea Eliade）的中譯名目前包括：依利亞德、艾良德、耶律亞德、艾利亞德、耶利亞德……等。

位深具影響力的百科全書式風格宗教研究的健將。不過，伊利亞德的後繼者，例如在芝加哥大學任教的溫蒂‧道寧格（Wendy Doniger）、布魯斯‧林肯（Bruce Lincoln），或是從芝大轉到哈佛大學、聖母大學（University of Notre Dame）的勞倫斯‧索勒門（Lawrence Sullivan）則紛紛選擇了進到特定的區域研究，例如印度、歐洲、美洲宗教現象的研究，他們顯然地意識到伊利亞德百科全書式研究的疆界，希望開出自己另一片天地。

伊利亞德也不只是想以宗教現象學與宗教史學（history of religions）的進路，來闡述宗教經驗。伊利亞德一直覺得思想本來就具有兩種不同的創作型態：一種是白天的（diurnal）、理性的、學術的研究著作表現，這點在他多部重要的學術著作可以為證，尤其是他晚年到去世主編的《宗教百科全書》[2]，從十六卷的條目編列選項裡，可以看出伊利亞德畢生所關心的所有宗教議題；另一種是他所謂夜晚的（nocturnal）、神話的、想像的和幻想的型態，這方面最明顯的可從他以羅馬尼亞母文來進行文學創作，例如 1955 年被譯為法文的《禁忌的森林》[3]。依英譯者瑞契

---

2 *Encyclopedia of Religion*, New York: Macmillan,1987

3 *Forź interdite, The Forbidden Forest*, trans. Mac Linscott Ricketts & Mary Park Stevenson (Notre Dame: University of Notre Dame Press, 1978)。本書是一部歷史小說，描寫男主角和他的情人、友人與敵人，在 1936-1948 年的動盪時代，從羅馬尼亞到里斯本、蘇聯和巴黎所發生的事情。這些人物和 Eliade 其他小說中的人物一樣，都被命運捉弄，但是也想努力地逃脫摧毀性的時代命運。曲折的故事開始於一個夏至，靠近布加勒司特的森林。經過十二年之後的夏至，卻在法國靠瑞士邊境的森林，男主角再度與失散的女友重逢。在這當中，男主角找到了一種對於女性的超越之愛，然後死去。

茲（Mac Linscott Ricketts）的看法，伊利亞德看待此書的重要性
不下於其他學術著作，他承認科學與文學想像力之間有類比的結
構，就像是神聖的結構與神話的內在意義具有空間迷宮或岐路花
園式的曲徑通幽。

　　從伊利亞德的自傳[4]我們發現，除了在精神分析學找到的從
夢與神話當中所揭露的人類「整體」的無意識之外，年輕時代
的伊利亞德同樣關心羅馬尼亞的前途和東西文化興衰之間的關
係[5]。羅馬尼亞在二十世紀世界歷史舞台上的不幸，對於伊利亞
德從年輕到晚年一直想要對抗命運的迫切感，以及對所處的時代
「時不我予」的歷史恐怖感具有深遠的影響。[6]

　　印度的留學生活對他而言不只是一個學術研究的場域，曾在
喜馬拉雅山修行團體待過半年的他，發現印度所隱藏的奧祕若能
加以揭露，則同時也將揭示伊利亞德自己存在的奧祕。那時，伊
利亞德已經將人類的精神當成一整體，印度是他尚未發現的整體
的潛在另一半。印度讓伊利亞德洞察到如何從日常塵世當中超
越，在最受苦的極限中看見解脫的逍遙。在印度的生活同時打開

4　《東之旅，西之旅》（Autobiography, Vol. I: Journey East, Journey West, trans.
　　M.L. Ricketts. San Francisco: Harper & Row,1981).）與《放逐的奧狄賽》
　　（Autobiography, Vol. II: 1937-1960, Exile's Odyssey Trans. by M.L. Ricketts.
　　Chicago: University of Chicago Press,1988.）

5　參考 Mircea Eliade, *Yoga: Immortality and Freedom*, trans. W.R. Trask (London:
　　Routledge and Kegan Paul, 1958).

6　參見北川三夫（J. Kitagawa），*Encyclopedia of Religion*, s. v. "Eliade, Mircea"），
　　至於伊利亞德在羅馬尼亞期間的政治立場所引起的爭議，尚須進一步研究，無法
　　在此說明。

了伊利亞德對於鄉民文化（peasant culture）本質的思索，對中國、東南亞、前亞利安印度原住民、地中海世界、伊比利半島等的文化的涉獵，讓他發展「宇宙的宗教」的思想[7]。

　　對前亞利安印度原住民的靈性世界的重新發現，讓伊利亞德與自身的東南歐文化，特別是與影響羅馬尼亞現今文化之「在地人的基礎」（autochthonous base）的古代丹閃（Dacien）文化做了比較與綜合。他相信東南歐鄉民文化的根基，經由與希臘、羅馬、拜占庭、基督教文化的融合得已被保存迄今。[8]他同時意識到，他自身的文化，已從作為被歐洲與其他世界文化列強遺忘的邊陲，轉而成為東西文化橋樑的關鍵性角色。由此，「宇宙宗教」也成為伊利亞德對於信徒（包括他自己）維持人與自己、與人、與天地萬物之間各種關係的座標與安身立命的依據，宇宙成為人對自己最終極的投射。此外，經歷兩次大戰的伊利亞德，因著羅馬尼亞的動亂成為流亡海外的奧德賽，也因此，肯定人在歷史中為了面對苦難與超越不幸的奮鬥，是在他的宗教史研究所透露出的個人理想。他拒絕那些被視為世俗的、破碎的、無意義而一去不返的歷史軌跡，在生命的迷宮裡，他肯定人類靈性所照耀出的中心指標。

　　伊利亞德的研究進路，可說是座百科全書式的大花園，而本書是他宗教研究的縮影，也是理解其思想的最重要著作之一，涵蓋了伊利亞德畢生關心幾個研究主題。

7　*Autobiography, Vol.I*, 199-203

8　Ibid., 204

二、「神聖」體驗的獨特性

伊利亞德一直以宗教人（homo religiosus），而不只是一位
不涉入信仰的「客觀」研究者身分來從事研究，他希望自己既能
真切地剖析個別的宗教現象，又能鳥瞰或深入不同宗教類型內不
為宗教人自身所覺察的普遍宗教象徵結構與神聖經驗本質，綜合
出「一」（人類的靈性）的整體與本質，扭轉以進化觀點或優劣
價值觀來研究非西方宗教（特別是對原始宗教）的意識型態。

伊利亞德和二十世紀早期另一群被稱為宗教現象學
（phenomenology of religion）學者，如奧托（Rudolf Otto）、
范·德·立烏（G. van der Leeuw）、瓦哈（Joachim Wach）等
等一樣，反對只是從經驗主義或功能論的本位出發，將宗教現象
簡化解釋為某種後天的人類社會產物或心理因素，而只透過歸納
法來驗證不同宗教現象的資料是否符合某人文科學的前提，卻毫
不考慮對研究對象信仰生活的親身參與。他們認為，宗教經驗
自身是獨特的，自成一格（sui generis)，宗教的本質在於「宗教
人」對於「神聖」（the sacred）的體驗。這種體驗是全人的，
不可被分割、個別學科化，亦即，這種體驗必須涵蓋人的生理、
心理、社會、語言等方方面面。[9] 換言之，不可能只從某一門人
文科學的進路就窮盡宗教經驗。這些學者認為，神聖的體驗具有
超越一般人日常經驗的向度，因此無法完全掌握，亦即，宗教體

9　Joachim Wach, *The Comparative Study of Religions*, ed. Joseph Kitagawa (New York: Columbia University Press, 1958), xxvii

驗不能與研究者的存在體驗全然區分，用自己的預設立場加以控制與掌握。人必須讓神聖的特質透過世俗顯現在人實存的處境，來向人揭示宗教是什麼。

伊利亞德要問的是：如何去探究這種既在生活中，又與生活有所區分的神聖體驗呢？他的做法是探尋神聖的對象如何顯現在人的意識之中，被人所意識到，藉以找出宗教人所感受到的顯現，其表象形式背後的真正力量來源。他主張回到宗教人經驗自身，看看宗教人所體驗到的實存處境是什麼，參與其中的普遍結構，藉此理解當中無法被化約的意義。如此，研究者與宗教人再次合而為一。

三、聖俗的對立辯證性

顯聖或聖顯（hierophany），是理解伊利亞德思想的關鍵字。從希臘文的字源來看，hiero 是神聖的，phainein 是顯現，「hierophany」的字義如伊利亞德所言，就是神聖顯現自身。[10]伊利亞德認為闡釋宗教現象關鍵在於宗教研究者必須掌握「讓神聖顯現自身」，「宗教最主要的，並不意味著對於上帝、諸神或者鬼魂的信仰，而是指對於神聖的經驗」。[11]這話是指並非去抓

---

10 *The Sacred and the Profane*, trans. W.R. Trask (New York: Harper & Row. 1961), 簡稱 The Sacred., 11

11 Mircea Eliade, *The Quest* (Chicago: University of Chicago Press,1969), "Preface"

取某個宗教信仰裡顯現出來的神聖現象作為唯一的對象，然後去論斷其他宗教傳統的優劣，相反地，是要藉此去發掘那遍在於不同宗教現象底下更根本的基礎或「原型」意象，因為宗教人的存在是否有意義，正取決於與這個基礎或「原型」的關係。

　　但是，什麼是聖顯或神聖的經驗呢？從原始宗教與東方傳統宗教（泛指亞洲與中東地區）的研究讓伊利亞德發現，神聖對宗教人的意義並非單指對於上帝、諸神或是靈界的信仰，而是意識到生命的來源、力量或是生命的實在（reality）、存有者（being）、意義、真理相關的觀念。[12] 因為體驗到神聖，意味著讓人超越混沌脫序、危險事物或無意義的變動，找到生命的定向。那麼，問題是：如何去發現這些所謂原初的聖顯經驗呢？伊利亞德採取的方法是藉由各種聖顯類型（如象徵、神話、儀式等）的詮釋，來理解聖與俗的辯證（dialectic）過程。

　　所謂的聖俗辯證過程是指，神聖經由世俗之物來顯現自身，但是在顯現自己的同時，也藉由因為顯現為世俗之物，反而因此遮蔽、隱瞞了自身。聖顯的媒介舉凡生物層面（例如飲食、交媾、繁衍）、藝術方面（例如舞蹈、音樂、詩、平面藝術）、職業與貿易（打獵、農業、各種營造）、科技與科學（冶金術、醫學、天文學、數學、化學等）[13] 比比皆是，生活世界裡無所不在。換言之，過去將宗教經驗界定在特定宗教傳統的信念與儀式

12　*The Sacred.*, 12

13　Ibid., 11ff.; *Autobiography, Vol.II: 1937-1960, Exile's Odyssey*, trans. M.L. Ricketts (Chicago: University of Chicago Press, 1988), 84. 後簡稱 Autobiography, Vol.II.

現象，對伊利亞德而言顯然狹隘不足。他希望打破以宗教傳統或宗教制度作為宗教活動界定範圍的舊思維，轉而主張，生活裡最根本的活動，就是「宗教的」的範圍。

伊利亞德希望從類型學著手，發掘不同類型聖顯與象徵系統如空間、中心、時間、天空、水、大地、植物、石頭、啟蒙禮等等，探詢它們在不同文化裡所具有的意義，在這些類型的不同現象之間找出所謂的共同本質與整體結構。他不只是挖掘過去特定歷史時空下的訊息，也希望從過去各個不同的文化背景中挖掘與當代人生活處境同樣鮮活、真實的共時性意義。

伊利亞德尤其偏愛原始宗教，以及和當代西方文化相去甚遠的異文化（亞洲、澳洲等）。他認為這些原始宗教與非西方的宗教傳統，是人類心靈整體的潛藏，通過對這些宗教傳統的理解，我們將找到更根本的宗教本質。伊利亞德從這些宗教現象裡，看到了「聖與俗的對立辯證」是所有宗教經驗的特色。同時，他也發現在這些原始與非西方文化當中無所不在的宗教感，像是人與宇宙、人與植物、動物等命運共同體關係，是當代喪失宗教感的西方人的典範。伊利亞德採取類型學的出發點，為的就是要避免去論斷有別於歐洲基督宗教之外的異文化宗教現象，他希望他的分類來自事物自身的差異或同一的關係，而非來自事物之外的理論預設。

聖俗的對立辯證性，包含兩方面：一方面聖顯之物可以是任何一件世間存有者，另一方面當「這個」存有者顯現出神聖特質之際，它既參與在周遭世俗之物的存在秩序，又與它們在價值秩

序上區分開來。

> 任何具體事物無時無地均可以轉化為聖，並且當事
> 物轉化為聖時，它仍舊以世間的存有者的身分，例如
> 樹、石、山川、江河等，參與在周遭的環境之中。因此
> 呈顯出聖俗的並存弔詭。[14]

伊利亞德認為，顯現出來、為我們所體驗的神聖，並非抽離
日常生活，而是具體活在我們的生活世界每個細節。什麼樣的事
物可以成為聖顯之物，絕不是我們既有的認知分類可以完全掌握
的，我們對顯聖之物永遠介於知與未知之間。神聖不是直接顯現
自身，而是穿梭歷史，遍及萬物，從生物或物理層面如月亮、太
陽、植物的律動，或是人的性行為等活動，到場域如廟宇或聖
地，或是時間周期如節慶儀式等等，莫不是神聖顯現的範圍。
「某存有者並未因為曾經成為聖顯的中介就永保尊榮；沒有任何
存有者永遠穿戴聖顯的光環，也沒有任何存有者永隔聖顯氛圍之
外。」[15]

聖顯永遠是辯證的，因為凡有天地萬物、大化流行，就有神
聖現身的可能性；有神聖現身的可能性，就有生生不息的盼望。
另一方面，任何一個世間存有者皆可以是神聖的隱藏，伊利亞德
認為基督宗教道成肉身（incarnation）成就神聖歷史，耶穌就是

---

14 *Encyclopedia of Religion* , s. v. "Hierophany", by Mircea Eliade & L.E. Sullivan.

15 *The Sacred*, 12

神聖以人的存在模式來顯現、也隱藏自己的例子。[16] 聖顯形成二元對立，一方面讓宗教人體驗到那實實在在的根基，另一方面又對照出世俗處境的庸庸碌碌、禍福無常，耗損生命。

因此，不管是初民社會還是現代西方，宗教人總在追求神聖的臨在、渴望活在神聖所開顯的秩序中，在其強大庇蔭下，雖處亂世都能心存盼望。然而，這種異質性的生命經驗無法久留，人終究又回到凡俗生活裡，**繼續尋求下一次神聖的臨在**。因此聖與俗的生活秩序形成一種張力，宗教人需要一個能定位自己的「中心」（the centre）、需要秩序，於是必須活在「中心」的焦慮感，以及他們對於聖顯的鄉愁，同時成為另一種必然的存在境遇。

四、在「中心」象徵系統的岐路花園裡

伊利亞德的聖顯類型與宗教象徵系統，包含一個他思想的核心：「原型」（archetypes）及其「重複」（repetition）的關係，這觀點可從本書內在的「中心」象徵系統（symbolism of the centre）結構的具體化，以及神聖與「時間」的關係來探討。

「中心」的象徵系統在伊利亞德的思想中具有雙重意含，第一重是指將「中心」當成是一個宗教經驗的顯現類型，第二重是

---

16 *Autobiography, Vol.II*, 84

伊利亞德本身的思想的意象性就是一種中心化、整體化的一統思想意象。「中心」的涵義經常顯現為「集結」、焦點所在，或者如同太陽或燈塔一般發射光芒。它可以是集體權力集結的中心、經濟政治的中心、教義體系的中心、自我中心、以某一種意識型態主宰或對抗另一種等等，具有因為聚集、累積、連結不同的他者而讓自身的主體性與主權突顯出來成為異質的、有別於「其他」未曾被意識到的、分散的、邊緣的意象或體系。「中心」總是落在價值的座標之內，這樣的「中心」意象若存在，能讓人肯定存在價值，若失去，則讓人存在價值動搖。伊利亞德對「中心」（the centre）的象徵系統的闡釋，特別是在「空間」中所顯現出來的涵義，正是揭示這樣的價值信念。

當象徵的涵義具體顯現在伊利亞德「空間」的類型時，它和一般幾何學上具伸展性、可數量化分割的外在具體空間的觀念有所區分。空間的意義不單指一個具體有形地呈現在我們面前、讓我們進出其中、在那裡與眾生共存亡的場域；它也指向不可見的、內在的、生命的混沌與中心，可以是一剎那、也可以是永無止盡的追尋歷程，正如一趟迷宮冒險或朝聖之旅。[17] 至於在那無常、混沌、雜多、變化中，讓人體驗到永恆、合一、秩序的，正是伊利亞德所謂「導向性」（orientation，定向）——要有「中心」、成為「中心」、維持「中心」，從世俗的混沌中建立起宇宙的秩序。

---

17 *The Sacred.*, 21-34

　　只是，神聖與世俗永遠是辯證而對立的，神聖通過俗物成為與俗物對立的另一物，因為成為另一對立面之物，反而能製造價值差異，讓人意識到它之所以為「聖」。只是，就神聖顯現為「空間」而言，從混沌中建立中心，讓中心成為宗教人活力的泉源之後，人並不能久居在「中心」之中。世俗的世界再次讓人墜回紅塵、虛無、混沌，人無法永遠存活在聖境之內。從建構中心、在中心之中、到失去中心回到世俗、在世俗中渴望重返中心的鄉愁，構成了伊利亞德空間聖顯的本質[18]，也是「中心」作為「原型」及其「重複」的基調。

　　那麼，什麼是「原型」呢？「原型」在伊利亞德的著作中指的並非如榮格（Carl Jung）所言，是人潛在的、集體的心理結構，而是最初發生的諸神創世（cosmogony）的神話事件，並且成為往後宗教人重複的典範。例如，當斯堪地納維亞的殖民者佔領冰島，在當地耕作經營時，他們把勞動視為對神創造宇宙事工的模仿，而非因為經營新產業或地盤的純粹俗務。

　　當我們說「中心」是空間聖化的核心意義時，「世界中軸」或「世界中心」的象徵系統對伊利亞德而言也同時是至聖所、廟宇、聖山、城市、住屋、身體的核心意義。這裡「中心」的意義是指「天上、人間、地下的樞紐，溝通此三重宇宙層面的所在」[19]。人們總是希望常住在宇宙的中心，「因為神聖是真實、

18　參見 Carl Olson, *The Theology and Philosophy of Eliade* (New York: St. Martin's Press, 1992), 157ff.

19　Ibid., 36

力量、靈驗、生命根源與繁殖力」[20]。

至於如何再現「中心」，伊利亞德的觀點可歸納為以下兩方面：原型的典範重複，以及中心的多重性（Multiplicity of centers）。

第一，對伊利亞德而言，所有神聖空間都是世界的「中心」，包含從危險未知的混沌處境轉化到安全、已知的定向建立，這種建立的事件並非來自人自身，而是來自神靈創世事工，神靈創世建立世界的一切秩序，青少年啟蒙禮或巫師揀選禮、原始民族的領地遷移、村落族群定居、聖地與城市的興建等，總必須是諸神事工的模仿與再現。

第二，在「中心」的多重性方面，我們發現「原型」與聖顯對伊利亞德而言具有相同的意義結構，聖顯的所發生的事件正是「原型」意義的起源。藉由顯聖的記號、事件讓某一同質的空間中斷，揭示創世的「那個時候」（in illo tempore）、那個原型，它將在儀式中不斷地重複與再現。這種神聖顯現的弔詭在於，時間的顯現上，每一次都是獨特的，卻可以一再顯現；例如每一次房舍的營建儀式，都是一次宇宙創世的重複。在空間顯現上的弔詭則是，每一處神聖空間都是中心，亦即，中心可以是多重的，例如每一處的教堂都是當地信者的信仰中心，都同樣具有與神溝通的神聖權威。

失去與再現，也正是伊利亞德所謂的聖俗辯證關係。一方面

---

20 Ibid., 28

神聖擺盪在剎那與永恆的兩極，另一方面，俗物藉由神聖的現身，轉變為聖物，但俗物對宗教人顯為聖，對非宗教徒仍為俗物。宗教人視為中心之地，非宗教人視為曠野。我們再次發現宗教人無法常駐在中心、在神聖空間之中，混沌的恐懼、無常的命運總是一再環繞在世界中心的四周，衝擊人們的世界。一旦人迷失方向陷入混沌，世俗的虛無將吞沒他，他終將喪失生命。因此，人渴望常駐「樂園」，常駐在那個原初諸神創世時完美的宇宙[21]，彷如身在孕育生命的子宮內。宗教人總是帶有「樂園的鄉愁」，一旦沒有聖顯向他顯示聖境，他就按照宇宙的法則來尋求「中心」的再現。

從十九世紀末以降，風起雲湧的人文科學理論以實證科學的思維模式，重新解釋原先宗教信仰所打造的價值世界，以人自身理性所建構的知識體系來為人安身立命，也宣告在人之外的信仰啟示必須服膺人自身的知識論述系統。宗教研究的知識論述典範轉移，不再以基督宗教神啟思想為中心，舊的中心沒落了[22]，伊利亞德渴望找到新的中心。

伊利亞德終生的努力圍繞著他所謂的「原始的」人類宗教心靈，企圖為不再是現代人生命中心的聖顯，重新找到新的定向。他希望為當時仍被誤解為落伍、野蠻的原始神話與宗教象徵，找到在二十世紀西方知識論述體系裡的位置。伊利亞德研究原始宗

21　Ibid., 64-65

22　J.Samuel Preus, *Explaining Religion: Criticism and Theory from Bodin to Freud* (New Haven: Yale University Press, 1987), ix-xxi

教、東方宗教，為了去找尋宗教原初的創新力，他認為那是可以面對當代西方心靈的混沌、貧困與虛無，並提出救贖之道的精神世界。

伊利亞德並不追求啟蒙運動以來獨立自主、以理性統御天地的「人」的概念，他肯定人對於宗教經驗本質的被動性中的主動。他一方面讓神聖的本質通過中介被人認知體驗，另一方面，他卻不放棄「人」對神聖的已知身分。伊利亞德的價值觀明確，他確定「神聖」的整體論，確信神聖的本質以宇宙、神、人同體，或「人與宇宙同一」的信念建構出來。人的所做所行來自模仿神聖的事工，以使神聖於世間再現；人的創造力源自神聖，但「神聖」並非由人所創。而人對於神聖根源的鄉愁，成為一個強大無比的磁場，伊利亞德將之抽象成為「本質」，並把所接觸到的個別宗教現象，都統合到這樣的普遍運作向度之中。

五、時間的再生

對於時間的探索，一直是伊利亞德宗教研究的重心，也是本書另一個貫穿全書的內在意識結構。時間是一種神聖顯現媒介，也是聖顯後的結果。時間是宗教經驗救贖的根本條件，聖與俗的對立正是聖顯時間與世俗時間的差異所在。伊利亞德把宗教經驗的「本質」停在神聖作為不可在還原的起點，時間性亦是在這種立足點下展開的。

　　伊利亞德說，「對宗教人而言，時間既非同質也非連續的。」[23] 從聖俗的對立辯證性來看，時間顯現為兩種對立並存的結構關係：一種時間是重複的、可逆的、永遠的現在；另一種時間是一去不復返、可以分割計算、不斷耗損的；前者是聖顯時間，後者是世俗時間，聖顯時間從世俗時間當中與之區隔開來。聖顯時間是承載個人與集體過往事件與記憶的長河，讓神話原型得以發生、重複；讓人得以重返「起源」（the origin）、重返原初的時間，回到那個生命創新力的劇場。伊利亞德把宗教研究對於直線共同起源發展的時間意象，轉為不斷循環重複、返回以原點為中心的時間意象。

　　「原初」不是編年史時間的最早期，而是人性共通的普遍根源，在時間中永遠的既古老又現在。伊利亞德認為在原始社會裡，神話不但建構了超自然神靈的行動歷史，提供了人們種種制度、風俗、勞動等等安身立命的生活依據。藉由神話，人們知道生命的根源，也能在神話典範化的儀式進行下，繼續生活在神聖的能力當中。因此，神話所揭示的時間是異質的、指向生命源頭的。對原始人而言，神話給出宗教人存在的根源，也指出宗教人的命運與宇宙萬物生成變化之間的互動關係。神話的時間可以在儀式的執行與神話的重述當中產生異質性的間隔，出現週期性的回歸，脫離世俗時間，回到原初的神話事件創世起頭。

　　伊利亞德在諸多著作裡提及時間再生的問題，聖顯與時間最

23　*The Sacred.*, 68

大的關連就是：讓時間得以再生。神聖時間不是一去不復返的世俗時間，而是可以重複的；耗損的、死去的世俗時間可以經由儀式而再生。那麼，如何讓時間再生呢？ 伊利亞德提出兩種基本類型：

> 第一，藉由宇宙創生每年週期性的再生，每年的開始就是神聖時間、就是世界誕生的時間起源；第二，藉由儀式性的參與世界的終結與再造，讓人們變成與創世的「那個時刻」同時代，藉此他得以重生，彷彿得到新生那刻的生命力……宇宙的創生是所有創造的典範模式……因此宇宙創生的時間是所有神聖時間的模式。假如神聖時間是在諸神顯現自身與創造的時刻，那麼顯然地，最完全的聖顯（divine manifestation）和最石破天驚的創造就是世界的創造。[24]

在此，我們已經發現伊利亞德神聖時間的「原型」與「重複」的基本結構，亦即，上述的兩項類型其實可再整合為：宇宙創生神話以其儀式性地週期重複。

伊利亞德認為起源的時間、神話事件發生的那時刻，和世俗時間是對立的，卻是世俗時間的依據。宗教人以他的方式再進入起源的時間、那個不變動不參與在世俗時間序列的時間，因為這

24　Ibid., 80-81

是由永恆的現在構成的、可無限重返的時間。因為有神聖時間，讓其他日常世俗時間成為可能，例如在神話裡那個男神與女神婚配的時刻，讓人們的性結合成為可能，亦即，性交屬於日常生活，仍有其原初典範模式的依據 [25]。

六、現代人對聖顯「原型」及其重複的轉化

伊利亞德常以宗教人／非宗教人二元對立，區分原始人與現代人的存在模式，認為宗教人相信絕對真實的存在，神聖顯現在世界之內，又超越世界之外。藉由摹仿原型的神聖儀式行動，宗教人得以安頓生命秩序，活在與神同工的神話時間觀裡。相反地，現代非宗教人拒絕「超越」界，質疑存在的意義，視自己為歷史的主體與主宰者，認為承認有超越自己之外的「神聖」是自由的阻礙，「唯有殺死最後一位神祇，完全地去奧祕化（demysticized），才能成為自己」[26]。現代人不再返回人之外的神聖根源，他們生命的定向，生命史的起源只是回到一系列歷史事件的發生與消逝。但是，另一方面，伊利亞德也發現，現代西方知識份子：

> 對於歷史上陳舊形式的基督宗教極度不滿，他極力

25　Ibid., 88ff.

26　Ibid., 203

> 想擺脫先人的信仰，但這種願望卻伴隨一種奇怪的犯罪
> 感，似乎他自己殺死了一個他不能相信的上帝，但又無
> 法忍受祂的缺席。[27]

換言之，伊利亞德發現現代人的心靈處於相當矛盾的情結，既希
望擺脫過去的宗教傳統所建構的價值體系，渴望創造新的、屬於
人自己的價值世界，但是，擺脫之後人又陷入喪失中心、脫序的
虛無、頹廢，對於中心、根源的渴望，變成一種壓抑在無意識裡
的鄉愁，不時藉由不同的現代社會媒介借屍還魂。

　　伊利亞德自覺他所致力的宗教史學，將扮演橋樑或中介的角
色。他希望宗教史學不只是橫貫東西，同時縱貫古今，一方面讓
走向虛無的現代人可以重新尋回原初人與宇宙同體的原型，透過
原始宗教與古老神話原型的再現重新活過來，另一方面，從當代
貌似去神聖化的西方文化，找到被壓抑、偽裝的聖顯形式。儘管
當代西方基督宗教的神話與象徵已經無法重返綻放強大主宰力的
寶座，但在伊利亞德眼裡，現代西方知識分子並非「純粹」無宗
教向度，它偽裝在更深沉的底部，有待宗教史學之助來喚醒[28]。
關於這點，我們可從本書所提到的幾種伊利亞德所謂的「偽裝」
形式來理解。

---

27 Mircea Eliade, *Symbolism, the Sacred, and the Arts*. Ed. by D. Apostolos-Cappadona (New York: Crossroad, 1986), 20

28 *The Sacred.*, 203ff; Bryan Rennie, *Reconstructing Eliade* (New York: State University of New York Press. 1996), 218-219

　　譬如第一，馬克思（Karl Marx）批評宗教情感只是社會產物，只是一種意識型態，作為虛假的精神慰藉，暫時像鴉片一般麻醉生活的不幸，無法真正改變人類社會的壓迫與苦難。但伊利亞德認為，馬克思自己所提出的社會實踐、追求正義、絕對落實社會的信念，以及所導致的國際間政治與經濟改革運動，卻帶有強烈的救世主的應許，將彼岸或來世的（the beyond）救贖，轉為去解決在現世社會苦難與壓迫的具體實踐。

> 馬克思繼承了公義的救贖角色（被揀選者、受膏者、無罪者、傳訊者在今天就是無產階級），他們的受苦被註定要改變世界存有學處境……他豐富了猶太基督宗教彌賽亞的意識型態：一方面他賦予無產階級先知與救贖的功能；另一方面，如啟示錄裡的基督與反基督者的最後交戰，善最後戰勝惡。馬克思以他自己的目的接管了猶太基督宗教對於歷史一個絕對終結的終末（eschatological）盼望。[29]

在馬克思的觀點裡，神聖是人創造出來的，是人把自己的盼望投射在虛假的另一個宗教世界。但伊利亞德關心的，是不同聖顯類型之間的綜合，因此他只關心馬克思思想中所具有的終末神話「救贖」特性。因為這種救贖特性，使伊利亞德將馬克思的思想

29　*The Sacred.*, 207

統合到聖顯的原型中，視為是另一種神聖的偽裝。馬克思對宗教的否定，對伊利亞德而言卻只是透過否定再成為肯定的另類偽裝或過渡，人在宗教經驗裡的主體性被大一統的人與神聖的整體同一性取代。

第二，伊利亞德以同樣的信念解釋另一個二十世紀具深遠影響力的人文科學：精神分析運動。伊利亞德視之為一種深沉真我啟蒙與洞察的生命禮儀，引導人回到生命史的原初。治療心理的創傷，彷彿是神話故事裡下到深淵屠龍、撥亂返治的神話英雄自我追尋。佛洛伊德希望精神分析運動取代傳統宗教對心靈束縛與救贖，這種將宗教現象自身去神祕化的人文科學特質，再度被伊利亞德併入生命禮儀的聖顯類型。病人被要求深深地下降到他的本我裡面，讓他的過去復活，再度面對過去的創傷經驗，這樣的形式，這樣危險的運作，就類似於下到地獄、鬼魅的區域，或與怪獸大戰的象徵體系的深層意含。就像啟蒙者必須從他的勝利考驗返回，心理動力的死亡與復活是為了獲得有擔當的存在地位，打造精神的價值，找到心理健康與整合文化價值的世界[30]。

第三，西方社會在五〇年代後期出現了性解放運動，伊利亞德將此現象視為另一種返回「伊甸樂園的鄉愁」，人們渴望回到盡情享受身體歡愉，但不被任何良心自責羈絆。又或者，服兵役是相當常見的文明人野蠻遊戲，年輕男子面對國家機器的威脅，不得不參與國家意識型態主宰的集體成年禮式的殘酷考驗。[31] 對

30　Ibid., 208

31　Ibid., 207-208

現世苦難的救贖行動與回到生命根源的生命禮儀，都是伊利亞德視為神聖顯現的重要特徵。

第四，伊利亞德將「去神聖化」（desacralization）的過程在「上帝之死神學」（theology of death of God）的出現事件，視為當代西方社會神聖偽裝的極致，或者說神聖完全與「世俗」相等同的事件。在八〇年代初期，伊利亞德似乎仍無法預測神死神學的式微。但他看出，如果沒有神聖，世俗又有何意義？聖／俗又如何同一呢？「神死神學為的是想超越所有基督宗教的象徵、儀式、概念之上，從世間屬於人的存在本性當中，去找出新的宗教經驗，是另一種置於死地而後生的努力。」[32] 雖然舊宗教傳統式微，但伊利亞德並不認為宗教價值完全消失。他樂觀而堅定地說，只要有晝夜、有春夏秋冬，宇宙的節奏將繼續呼喚它與人類處境的關連。這正是他的「人與宇宙同一」的視域所畫出的對宗教經驗最後的理想。至於，那原初石破天驚般的原型如何再現於現代人對神聖的渴望？如何轉化在新的宗教形式之中？伊利亞德坦承無法預知，但相信「將充滿人的自由與創新力」[33]。另一方面，他仍害怕超越的（transcendental）價值在現代社會的消失，地獄變成真的地獄，「『歷史的戰慄』（terror of history）就是憂心那些不再有宗教感的人，除了為非作歹之外，不再認為歷

---

32 *Ordeal by Labyrinth: Conversations with Claude-Henri Roaquet*, trans. D. Coltman (Chicago: The University of Chicago Press. 1982), 151-152

33 Ibid., 116

史有任何意義。」[34] 從這點來看，伊利亞德顯然並不只是去從事
「客觀地」理解宗教現象「是什麼」的研究，他更關心「應該怎
樣」，面對宗教現象的興衰，他不是一個旁觀者。

七、漫步到花園的邊界

　　伊利亞德想回應到二十世紀中期左右的人文科學研究者，主
張不能將宗教經驗的解釋模式化約為任何一種人文科學的理論預
設與現象的對應關係，而是要整合不同的學科，來呈現宗教現象
的全貌[35]。筆者同意對於宗教經驗的「本質」探尋的問題，不能
偏限在某一種人文科學預設，但這不意味著，有一種理論或集合
各種理論，可以拼湊一種叫作「整體」的內容。

　　事實上，伊利亞德還遭致一些批評，代表性的批評論點
有：第一，批評者認為伊利亞德的「客觀」比較立場，其實沒
有擺脫他自身的哲學與神學「偏見」；第二，高估了感同身受
（empathetic）的理解與同情地再體驗的互動主張，堅持反化
約主義（antireductionism）卻仍返回自身的立場[36]；第三，以
類型與分類去限制住個別的宗教現象，而這樣的類型卻帶著文

34　Ibid., 126

35　Douglas Allen, *Myth and Religion in Mircea Eliade* (New York: Garland Publishing.
　　Inc.,1998) 18-19

36　Ibid., 27ff.

化的偏見與對個別宗教歷史發展的忽略[37]；第四，原始的（the archaic）與現代的二元對立的類型區分，忽略歷史的轉變與連貫性過程[38]。不過，要深入這部分的探究，似乎得進入另一種漫步的路線了。

走筆至此，顯然筆者自身已經來到為這座百科全書式的伊利亞德知識花園所繪地圖的一個出口，至於讀者們呢，或許早已徜徉在自身的閱讀旅途中了……

---

37 *Experience of the Sacred, 38-44; Encyclopedia of Religion*, s.v. "Phenomenology of Religion" by Douglas Allen.

38 K. Rudolf, "Mircea Eliade and the 'History' of Religions", in *Religion* 19 (1989): 114-115

緒　論

8　　　自 1917 年奧托（Rudolf Otto, 1869 - 1937）出版《論神聖》
（*Das Heilige*; *The Sacred*）以來，所引致普世性的高度關切，至
今仍還持續著。當然，這本書的成功是由於作者提出了嶄新而有
原創性的觀點。奧托並非以宗教及上帝的**觀念**（ideas）作為研
究的對象，而是從分析**宗教經驗**（the religious experience）的各
種型態開始[1]。他天生具有心理學方面的敏銳度，又受過雙重領
域的完整訓練，成為神學學者及宗教歷史學者，所以能成功地把
握宗教經驗的內涵與特質。他超越了宗教裡合乎理性、可供哲學
推論的一面，而把研究重心集中在宗教的超理性（irrational）層
面。因奧托讀過馬丁・路德[2]的作品瞭解到對一個信者而言，怎
樣才是「活的上帝」（living God）。「活的上帝」並不是像哲
9　學家伊拉斯謨[3]之流的上帝，不是一個觀念，不是抽象的理念，
更不只是道德寓意而已；而是一股顯現上帝公義的震怒的可敬畏

1　譯註：按照伊利亞德，宗教學術的研究可區分為「宗教經驗」（宗教現象學）及
　　「宗教啟示」（神學）兩個向度。西方從中古世紀大學興起開始，宗教學術研究
　　都屬宗教啟示（神學）範疇，亦即以宗教及上帝的觀念（ideas）作為研究的對
　　象。直到上個世紀末，奧圖提出「神聖經驗」（numinous）後，才開始有宗教經
　　驗方面的研究，這裡的「宗教歷史學」就是「宗教現象學」的早期名稱。

2　校註：馬丁・路德（M. Luther, 1483 – 1546），德國宗教改革家、基督新教的開
　　創者之一。

3　校註：伊拉斯謨（Erasmus, 1466 - 1536），義大利人文主義思想家。

能力（a terrible power）。

在《論神聖》中，奧托認為自己是在發掘此一可敬畏又超理性的經驗之特質。他發現人在面對神聖、面對令人敬畏之奧祕（mysterium tremendum）時，會有一種**驚駭感**（feeling of terror），這種**威嚴感**（majestas）會發出一種令人無法抵抗的至高能力；他發現人在面對這令人心花怒放之圓滿的迷人奧祕（mysterium fascinans），會產生一種宗教畏懼感（religious fear）。因為這些經驗是由神聖能力在某方面的顯現而引發的，所以奧托將這種經驗歸類稱為「神聖經驗」（numinous，來自拉丁文 numen〔神〕）。「神聖經驗」（numinous）呈現出的自己，就像個「**全然他者**」（ganz andere; wholly other），是根本而完全不同的另一個存有。它不像是人類或宇宙中的任何一個；與之相對的，人感受到它的深玄（his profound nothingness），感覺到自己只是一個受造者，或者，以亞巴郎（亞伯拉罕）[4]面對上主時所用的話來說：「只是塵埃灰土」（《聖經·創世記》，18：27）。

神聖總是將自身顯示為一個完全不同於自然狀態中的實體。事實上，借用自然世界或人類凡俗心態生活中的用語，我們只能天真地用語言來表達敬畏感（the tremendum）、莊嚴感（the

10

4　譯註：基督教聖經最廣被使用的兩個版本，一為天主教的《思高本聖經》，一為新教的《和合本聖經》，基於前者涵蓋的內容較廣，本書對於聖經經文與名詞的翻譯，以《思高本聖經》為主，必要時將《和合本聖經》的譯名以括號方式並列於旁。

majestas），或迷人的奧祕（the mysterium fascinans）。但我們
知道，這些類比性的詞彙，是由於人類沒有能力精確地表達出這
個**全然他者**；所有的神聖經驗皆超越人的自然經驗，用這些詞彙
來表達此經驗，是太過簡化了。

　　四十年之後的今天[5]，奧托的分析依然具有價值；此書的讀
者仍將由閱讀和對它們的反省而獲益。但接下來的幾頁中，我們
將採取一個不一樣的觀點。我們打算將所有神聖網絡中的現象呈
現出來，而不僅只於談論其超理性的範圍。我們所關心的並非宗
教中理性與非理性要素之間的關係，而是**神聖的整體狀態**（the
sacred in its entirety）。對**神聖**第一個可能的定義，便是它**與凡
俗相對立**。接下來幾頁的目的，便是要說明並定義神聖與凡俗之
間的對立性。

神聖自我顯現的時刻

　　人之所以會意識到神聖，乃因神聖以某種完全不同於凡俗世
界的方式，呈現自身，顯現自身。為指出**神聖自我顯示的行動**，
我們採用「**聖顯**」（hierophany）[6]一詞。這是個適當的詞彙，因

5　譯註：伊利亞德撰寫本書緒論是在 1957 年，恰好是奧圖出版《論神聖》後的第
　　四十年。

6　譯註：在伊利亞德的觀念中，描寫「神聖顯現」的詞彙有三個：（1）hierophany
　　（我們譯作「聖顯」）是總括性的說法，包含了所有不同型態的神聖顯現；
　　（2）theophany（我們譯作「神顯」或「天主顯現」）專指神聖以位格神的形式

為它並不延伸出任何更多的意思，它所表達的，僅僅是字源學上的內容，也就是，**神聖向我們顯示出他自己**[7]。我們可以說，宗教的歷史（從最原始的，到最高度發展的宗教），便是建立於極大量的聖顯，及無數神聖實體（sacred realities）的顯現上的。從最初步的聖顯（神聖在一些普通物質上的顯現，如石頭、樹木），到最高度的聖顯（對基督徒而言，就是上帝在耶穌基督中的道成肉身），這之間並沒有連續性的關係。在每一次聖顯的個案中，我們都是遭遇了同樣的奧祕行動；這奧祕的行動，是某種完全不同於此世界狀態的顯現，是一個不屬於我們這個世界的實體，以一個在我們自然凡俗世界中不可或缺部分的物質，向我們顯現。

當代西方人面對許多神聖的顯現時，經驗到某種不自在。他們感到難以接受此事實：譬如對許多人類來說，神聖可以在石頭或樹木當中被顯現出來。然而，如我們即將看到的，這其中所包含的，並非石頭自身的崇拜，或樹木自身的儀式。聖木、聖石都不是基於它是樹木或石頭而被崇拜，它們之所以被崇拜，正因為它們是聖顯，因為它們顯示出某種不再只是石頭或樹木的特質，而是神聖，是**全然他者**。

12

顯現出來，例如：古代閃族人的風暴之神巴耳（Baal）、猶太民族的至上神雅威（Yahweh）等；（3）kratophany（我們譯作「力顯」）是指神聖以非位格的巨大能力形式顯現出來。

7　原註：Cf. Mircea Eliade, *Patterns in Comparative Religion*, New York, Sheed & Ward, 1958, pp.7 ff. 以下原註引用本書時簡稱 *Patterns*。編按：本書中譯本為《神聖的顯現：比較宗教、聖俗辯證，與人類永恆的企盼》（心靈工坊，2022）。

要從每一次的聖顯，甚至在該聖顯最核心的要素中，強調其吊詭的象徵意指，是不太可能的。任何東西都可能因為顯現出了神聖，而轉變為另一個東西，但它仍還是它自己，因為它仍繼續參與它所在之宇宙氛圍。聖石仍還是一顆石頭，外觀上（或者更精確地說，從凡俗的觀點來看），無異於其他所有的石頭，但對這些石頭向他們顯現出神聖的人來說，它目前的實體便被變化為一超自然實體。換言之，對那些有宗教經驗的人來說，自然界的一切，都可能顯現自身而為宇宙的神聖性（sacrality）。整個的宇宙，都可以成為一個聖顯。

古代社會的人傾向盡可能活在神聖之中，或密切接近祝聖過的東西。這種傾向，完全可以理解，因為對原始人及活在當代社會之前的人來說，神聖就相當於一種「力量」，也相當於上述分析中的「實體」。神聖被存在所滲透。神聖的力量就是實體，同時也是永恆的、有效力的。聖與俗的二極性，常被表達為真實與不真實（或虛假）之間的對立（當然，我們不必要求去發現為哲學術語——如真實與不真實的——所影響的古代語言；但我們卻發現了這樣的情況）。因此，這很容易瞭解，宗教人深深地渴望存在、參與實體，被「能力」所滲透。

在下面幾頁中，我們主要的關切點，將是說明這個主題：即顯示出宗教人是以什麼方式，讓自己盡可能長時間地停留在神聖的宇宙中。沒有宗教體驗者是活在（或希望活在）一個「剔除神聖的世界」（desacralized world）中，宗教人的整個生活經驗與他們是不同的。這個隨即被說成是「純凡俗世界」、已經完全剔

除了神聖的宇宙，在人類靈性的歷史上，是一個晚近的發現。不過，現代人依據歷史進程和靈修態度、行為的改變，進而將此世界中神聖因素剔除，讓它呈現為一個凡俗的存在，如此之想法，並未落到我們的頭上來。不過就我們的目的來說，其實便足以發現：剔除神聖的過程，蔓延到當代社會之非宗教人的整個經驗，而其結果，便使他感受到，要重新發現古代社會中之宗教人的存在性幅度，是愈來愈困難了。

世間事物的兩種經驗模式

14

　　區分二種經驗模式──神聖與凡俗──所造成的鴻溝，將會在我們以下的描述中顯得更加明顯：當我們描述神聖空間及儀式性地建構的人類住所；或時間的各種宗教經驗形式；或宗教人對大自然和世上各種必需品的關係；或祝聖人類生命本身，即聖化人所能承擔的生命功能（如食物、性、工作等）時，此鴻溝將更顯而易見。只要我們注意到，城市、住家、大自然、日用品或工作，對現代人和非宗教人來說已然改變了，那麼，便可極為生動地顯示出，這樣的人是多麼不同於任何一個古代社會的人，甚至不同於今日歐洲的一個基督徒農夫。對現代人的想法而言，生理行為──如飲食、性行為等──簡言之就僅僅是一種器官現象，縱然很多時候，它仍可能被一些禁忌所限制（例如：「適當地飲食」所要求的一些特殊規定或被社會倫理所禁止的一些性行

為）。但對原始人而言，這樣的活動從來不只是純生理的；它是**聖事**，或者可能成為聖事，也就是，**與神聖共融交往**[8]。

　　讀者將很快地認知到：神聖與凡俗是世界上存有的二種模式，是人類在歷史過程中所呈現的二種存在性情境。世界上存在的這兩種模式，並不只是關係到各宗教歷史或只關係到社會學；它們不只是歷史學研究、社會學研究、民族學研究的課題。在最終的分析中，神聖與凡俗的二種存在模式，關係到人類在宇宙中所成為的各種不同情境；因此，它們也關係到哲學家，以及所有尋求發現人類存在的各種可能性幅度的人。

　　基於這個理由，雖然本書的作者是一個宗教歷史學者，但他並不打算把自己只局限在他所研究的學術觀點上。傳統社會的人，一般公認是宗教人，但他的行為亦形成一般人行為模式的一

15

8　譯註：西文 sacrament，中譯為「聖事」（天主教徒）或「聖禮」（部分新教徒），乃基督宗教神學上表達宗教現象學上所謂「重複聖顯」及「禮儀」等類似觀念的詞彙。「聖事」的基本意義乃「天主不可見恩寵的可見形式」。廣義地說，「基督是原始的聖事」及「教會是基本的聖事」：前者表達，耶穌基督生平及其高峰的「受難、死亡及復活」的逾越奧蹟，就是最原初「聖顯事件」的本身（在猶太基督宗教中所表達的「神聖」是以位格神的形式顯現出來，所以「聖顯」也可稱「神顯」〔Theophany〕），經由這「神顯事件」，天主的救恩來到了人間；後者表達，在此時此地的現實世界上，基督徒團體及個人的生命，彰顯了耶穌基督經過苦難、死亡而復活的逾越生命，可說是耶穌基督原初「神顯事件」的重複，基督徒逾越生命的臨在，使得天主救恩臨在於此時此地的現實世界成為可能。狹義地說，「聖事」是某幾個「宗教禮儀行動」：透過這幾個禮儀行動，天主確實臨在，「洗禮」及「感恩聖餐禮」是所有基督宗教教派所肯定的聖事禮儀行動，天主教、東正教及聖公會等教派，主張尚有「堅振」、「和好」、「病人傅油」、「婚姻」及「聖職」五個聖事。伊利亞德在此將「聖事」描寫成「與神聖共融交往」，把基督宗教聖事概念活用得很傳神。

部分，因而宗教人的行為也關係到哲學人類學、關係到現象學及心理學。

　　為了更好地帶出生命中這個特別的特質，即在世界中得以成為神聖的，我將毫不遲疑地從不同時期與文化中各宗教現象來舉例。沒有任何東西可以代替這些例子與這些具體的事實。如果只討論神聖空間的結構，而不由一些特殊的案例中，去指出這樣的空間是如何被建立起的，以及為何它在性質上不同於周圍的凡俗空間，那麼這樣的討論將是沒有用的。我將從美索不達米亞、印度、中國、瓜基烏圖[9]和其他一些原始民族，來舉一些例子。從歷史性文化的觀點，把不同民族的宗教資料做這樣的排比，而不管時間和空間，並非沒有危險。因為如此做可能會陷入十九世紀的一些錯誤，尤其可能會陷入泰勒[10]或弗雷澤[11]所相信的：人類對自然現象的反應是始終如一的。但，在文化民族學以及宗教歷史所達至的研究進程中，已經顯出這個結論並非真的，人類對大自然的反應，經常是被他所處的文化所決定，並最終地，被他的歷史所決定。

　　重要的是，我們的目的是要帶出宗教經驗的特質，而不是去呈現宗教經驗的不同樣貌和因歷史所致的不同形式。為了在某種程度上對這些詩意般的現象獲取較佳的領會，我們應追索大量的

16

9　譯註：瓜基烏圖（Kwakiutl），北美洲西北部沿海的一個印地安民族部落。

10　校註：泰勒（Tylor, 1832 - 1917），英國人類學家，著有《原始文化》及《人類學》。

11　校註：弗雷澤（Frazer, 1854 - 1941），英國人類學家、民俗學家，著有《金枝：巫術與宗教之研究》。

異質性案例，並與荷馬 [12]、但丁 [13] 並列，引用印度、中國和墨西哥的詩篇；也就是，我們應該不只考量歷史性共同源流的詩篇（例如荷馬、維吉爾 [14]、但丁），還應該考量來自不同文藝方式的創作。從文學史的觀點來看，這樣的並列會遭受質疑；不過，假如我們的目標只是要描述此詩意的現象而已，或者，假如我們的目的是要指出日常生活中之詩意語言與功利語言間有本質上的不同，那麼，這樣做是有意義的。

神聖與歷史

17

　　我們主要的關注，是呈現宗教經驗的相關幅度，並帶出宗教經驗與凡俗經驗之間的不同。我不會只局限在時間過程中所發生的宗教經驗的變化上。例如，很明顯地，大地之母（Mother Earth）的象徵和祭禮、人類及農業豐收的象徵和祭禮、女性祭典的象徵和祭禮，以及其他類似的象徵和祭禮等等，除非透過農業的發現，不然不會發展並建構出一套複雜的宗教體系；相當明顯地，致力於漁獵的前農業社會，不會像農業社會般對大地之母的神聖性有同樣的感受，或有同樣強烈的份量。因此，在不同的

12　校註：荷馬（Homer）公元前八世紀的古希臘吟遊詩人，著有《伊里亞特》、
　　《奧德賽》等史詩。

13　校註：但丁（Dante, 1265-1321），義大利詩人，著有《神曲》。

14　校註：維吉爾（Vergil, B.C.70-19），古羅馬詩人。

經濟、文化、社會組織的解釋下，或簡言之就是在歷史的不同解釋下，宗教經驗也有所不同。

不過，在遊牧的漁獵民族和定居的農業文化民族之間，還是有一個行為模式上的相似之處，對我們來說，這點相似處還遠比他們的相異處更為重要，那就是：他們都生活在神聖的宇宙內，也都分享了宇宙的神聖性，這神聖性便相當於在動物世界、植物世界中所呈現出來的一樣。我們只要比較一下宗教人與一個現代社會中活在去神聖化宇宙的人，二者之間的存在性情境，我們將會立刻意識到，這些人便是將自己從宗教人當中分離出來。同時，我們也會瞭解到，做不同文化之各宗教事實間的比較是有意義的，這些所有的宗教事實，皆是來自一種單一的行為典型，就是宗教人。

這本小書，可以提供我們做為各宗教歷史的一般性導言，因為它描述了神聖的各種模式，以及人帶著宗教價值存在於世界的情境。但嚴格說來，它並不是一個各宗教歷史學的研究，因為作者在所舉的案例上，並未說明它們的歷史性文化脈絡。若要這麼做的話，需要好幾大冊的作品。讀者可以自行查閱參考文獻。

第一章

·

神聖空間與建構世界的神聖性

20　空間的同質性與聖顯

　　對宗教人而言，空間並非同質性的（homogeneous），
人們會經驗到空間中存在著斷裂點（interruptions）與突破點
（breaks），而經驗空間的某些部分與其他部分具有不同的質
地。上主對梅瑟（摩西）[1] 說：「不可到這邊來，將你腳上的鞋
脫下，因為你所站的地方是聖地。」[2] 因此可知，聖地是一個強
烈而有意義的空間，而另外的一些地方則是非神聖性的，不具結
構或一致性，沒有特定形態。不僅如此，對宗教人來說，空間的
「非同質性」可從表達於神聖空間（唯一真實與實存的空間）與
其他空間（空間周圍之毫無形式的延伸）之間對立關係的經驗
中，發現得到。

　　我們可以說，對空間「非同質性」的宗教經驗是一種原初的
經驗，相當於一種建立世界的基礎。這不是理論性的推測，而是
21　在對世界所作一切反省之前的基本宗教經驗。這是作用於空間中
的「突破點」，使世界得以被建構，因為這「突破點」顯示出所
有未來定向的「定點」（the fixed point）與「中心軸」（central
axis）。當神聖在各種聖顯（hierophany）中顯示自身時，不僅
在空間的同質性中有一個「突破點」，而且還有一種對絕對實

1　譯註：基督教聖經最廣被使用的兩個版本，一為天主教的《思高本聖經》，一為
　　新教的《和合本聖經》，基於前者涵蓋的內容較廣，本書對於聖經經文與名詞的
　　翻譯，以《思高本聖經》為主，必要時將《和合本聖經》的譯名以括號方式並列
　　於旁。

2　《聖經·出谷紀》（出埃及記），3：5。

體（absolute reality）——相對於可無限延伸的非實體——的揭露。神聖的顯現，就其本體意義而言，建立了這個世界。在空間的同質性與無限延伸中，沒有任何可能的參考點與「定向」（orientation）可以被建立起來，而聖顯卻在其中揭露了一個絕對的「定點」與「中心」。

所以，某種程度上相當清楚地，神聖空間的揭露和顯現，對宗教人而言具有存在性的（existential）價值，因為如果沒有一個先存的定向，便不會有任何事物可以開啟及進行，而這個顯現與一切的定向，便包含著一個「定點」的取得。基於這個理由，宗教人總是希望將自己的住所定居在「世界的中心」上。如果要居住在這世界上，我們就必須建立它；然而，世界是不可能在凡俗空間的同質性與相對性的混沌之中產生的。這個定點——中心——的發現與投射，相當於世界的創造；而我們即將舉一些例子，以清楚地指出在禮儀的定向與神聖空間的建構中，宇宙創生論的（cosmogonic）價值。

相反地，從凡俗的經驗來看，空間是同質的，也是中性的；沒有任何的突破點可以從本質上把空間集合的各部分區分出來。幾何學的空間可以被分割，並在各個方向中被界定；但在其根本結構的價值中所賦予的，卻沒有任何本質上的差異，也沒有任何的定向，只要記得古典幾何學家如何界定空間就夠了。當然，我們不要將同質、中性的幾何學空間的**概念**，與對凡俗空間的**經驗**混為一談。事實上，凡俗空間的經驗與神聖空間的經驗是直接對立的，這正是我們要研究的重點；反之，同質空間的**概念**與此概

22

23 念的發展（因為它自古代就已成了哲學與科學思想之共同探討的一部分了）完全是另一個問題，不是我們在此要討論的。我們的目的，乃是探討非宗教人所認知的空間**經驗**，即拒絕世界的神聖，只接受凡俗的存在方式，而擺脫掉所有宗教預設者所認知的空間經驗。

必須補充一點，凡俗的存在方式，從未在純粹凡俗的狀態中被發現。不管非宗教人把世界的神聖性消除到了什麼程度，在凡俗生活中建立了自己喜歡的選擇，也從不會完全摧毀掉宗教行為。這一點在我們接下來的發展中，會愈來愈清楚，即使是把神聖消除得最徹底的存在方式，都仍在世上保留了宗教的痕跡。

但現在先把這問題放一邊，我們先來比較一下剛剛所探討對神聖與凡俗兩種空間的經驗。對前者（神聖空間）的經驗，其含義早已被點出來了。神聖空間的揭示，得使我們獲得定點，進而得在同質的混沌中獲得定向，「建構起這個世界」，並以真實的意識來生活。而凡俗空間的經驗則正與此相反，它維持著空間的同質性與相對性。此時，不可能有真實的定向，定點也不再享有唯一的存在性地位；它依據日常的各種需要而出現、消失。嚴格

24 說來，不再有任何真實的整體世界，只有已破碎的宇宙片斷，以及一個無形式的集合而已，這個無形式的集合，或多或少由無數中性的地方所構成，人在其間，藉由併入工業社會而存在的一股約束力而活動、被操縱與受驅策。

然而，這個凡俗空間的經驗仍然保有某些價值，在某種程度上，它仍顯現出空間之宗教經驗的非同質特性。譬如有一些特殊

地方，本質上就與其他地方不同，如一個人的出生地，或初戀時的一些場景，或年輕時第一次出國造訪的地方。即便是對最明顯的非宗教人來說，這樣的地方都保留著一種例外、獨特的性質，是他個人世界的「聖地」，就好像他曾在這些地點接收到一位真實**他者**的啟示，因而勝過了他在日常生活中所參與的其他地點。

　　這種凡俗人生活中隱藏著宗教行為的例子是值得注意的。本書的課題中，還會看到其他這類對宗教價值與行為模式的退化與把神聖因素消除的例子。它們的深度意義，將會一一顯明。

神顯與記號

　　為了舉例說明非宗教人所經驗到的空間也是非同質的，我們可以借用宗教的例子來說明。舉個所有人都可以接受的例子——現代城市中的教堂。對一個信仰者而言，教堂在它所在的地區中，分享一個全然不同的空間。在教堂內部開啟著的門，事實上是要解決由凡俗空間過渡到神聖空間不同質、不連貫的問題，其門檻畫分開了兩種空間，也象徵著凡俗與宗教兩種模式之間的區隔。門檻，是一道界線和分野，這道邊界分隔並面對著兩種世界；而同時，這兩個看似矛盾的世界卻得以相通，使凡俗世界過渡到神聖世界的通道得以相連。

　　類似的儀式功能，也出現在人類住所的門檻上，這也就是為什麼門檻是極為重要的東西。有很多儀式是伴隨著通過家裡的門

25

檻而發生的：鞠躬、跪拜，或用手虔誠的觸摸等等。門檻有它自己的守護者，是阻止人類的敵人和魔鬼、罪惡的力量等等入侵的諸神諸靈。人們在門檻上向守護者神靈獻祭。有些古東方文化（如巴比倫、埃及、以色列），也在此設置審判台。門與門檻，直接而具體地**顯示出**對於凡俗空間和神聖空間不同質、不連貫問題的解決之道，因而具有極為重要的宗教意義，它們是象徵，同時也是從一個空間通往另一空間的**通道**媒介。

　　這個說法，使得教堂為何會處在一個與周圍的建築物全然不同的空間之中的理由愈來愈清楚。在神聖的境域之內，凡俗世界被超越了。而從文化的最古老層面來看，這超越的可能性，是以**各種開放的圖像**來表達的；在這神聖的氛圍內，與眾神共融是可能的；因此必須有一道門向世界上方開啟，經由這道門，眾神可以下降到地上，人也可以象徵性地升到天上。我們即將會瞭解，很多宗教都有類似的情況；更適切地說，聖殿建構了一道面向上方的開口，並確保與眾神世界的共融。

　　每一個神聖空間都必然包含著一個聖顯，這是神聖的介入，使它與周圍的宇宙氛圍分開，並在本質上有所不同。當雅各伯（雅各）在哈蘭做夢時，「見一個梯子直立在地上，梯頂與天相接；天主的使者在梯子上，上去下來。上主立在梯子上說：『我是上主，你父亞巴郎（亞伯拉罕）的天主』……」雅各伯醒來，滿懷敬畏地說：「這地方多麼可畏！這裡不是別處，乃是天主的住所，上天之門。」雅各伯「就把那塊放在頭底下的石頭立作石柱，在頂上倒了油，給那地方起名叫貝特耳（Beth-el，伯特

利），也就是天主的住所）。」[3]「上天之門」所包含的象徵意
義，是豐富而複雜的；發生於該地的「神顯」（theophany；或
譯「天主顯現」）祝聖了那地，透過向上打開的事實，得與天共
融，並使一種模式進入另一種模式的兩極通道得以打開。我們即
將看到一些更明顯的例子——聖殿，就是「眾神之門」，是介於
天地之間的通道處。

　　更適當地說，往往不需要神顯或聖顯，某個**記號**便足以指示
出某一地方的神聖性。「根據傳說，有一個伊斯蘭教的隱士（蘇
菲導師，marabout），在十六世紀末建立了哈梅爾（El-Hamel）
[4] 城後，在泉水邊停下來過夜，並將他的手杖插在地上。第二
天，當他要取出手杖繼續趕路時，發現手杖長根並發出芽來。他
視這個記號為神的旨意，便在此處定居了下來。」[5] 在這樣的**記
號**中，充滿著宗教的意涵，有一道絕對的要素進入，並終結之前
的相對性與混亂。**此物**並不屬於這世界，它明確地顯示了自身，
而且透過如此作為，指示了一個定向，或決定了行為模式。

　　即使沒有記號自發性地顯現，也會有記號被**激發**出來。譬如
靠動物的協助，可以行使某種**召喚**，也就是，這些動物**指示**了何
處適合作為聖殿或村落。這其實就是對神聖形式或角色的一種召
喚，其直接目的，便是在空間的同質性中建構起**定向感**。人們要

27

3　《聖經・創世紀》，28：12-19。

4　校註：哈梅爾（El-Hamel）是阿爾及利亞著名的宗教聖地，位居北部山區的山丘
　　之上，因地勢險要，與世隔絕，自中世紀起便是宗教靈修者避靜隱修的重鎮。

5　原註：René Basset, in *Revue des Traditions Populaires*, XXII, 1907, p.287.

28 　求某種**記號**，以便終止因相對性與迷失方向所致的緊張與焦慮，簡單地說，就是要顯示出一個絕對的支持點來。舉例來說，一隻野獸遭到獵殺，而後人們便在牠被殺死之處建立了聖殿。或者任由一隻家畜（譬如一隻牛）自由地行動，過幾天後再去找牠，在尋獲之處將牠獻祭。後來人們在此處立起祭壇，並圍繞著此祭壇建造村莊。這些都是透過動物來顯示出某地點的神聖性的案例。我們可以說，神聖地點並不是由人類自由地**選擇**，人們只是藉由神祕記號的協助去尋求、發現它。

　　上述的幾個例子，已經顯示出宗教人接受聖地之揭示的不同方法。而無論是那一種情況，聖顯都已然廢除了空間的同質性，並顯示出一個定點。而且，因為宗教人非得活在充滿神聖的氛圍中不可，可以預期地，我們將會發現很多聖化空間的方法。如我們之前的瞭解，神聖就是最卓越的**真實本身**（the real），同時是力量（德能）、有功效（at once power, efficacy）、是生命與創造的泉源。宗教人想要**活在神聖中**的渴望，實際上就等於是渴望將他的住所建立在真實的實體上，而不要使他被純主觀經驗中從未終止的相對性所麻痺，宗教人要活在一個真實而有效的世界，而不是活在幻想中。這樣的行為，在宗教人生存的各種層面上被記載下來，而且尤其明顯的是，宗教人渴望只活動於聖化了的世

29 　界，亦即神聖空間中。這就是精心運作各種**定向**方法的理由，或者更適切地說，這就是各種**建構**神聖空間方法的理由。然而，我們不應認為人類的工作在此會受到質疑，不應認為人類透過自己的努力可以聖化空間。實際上，人類建構神聖空間的儀式，**在仿**

效諸神工作的範圍內，才是有效的。不過，對於建構神聖空間之儀式的需求，最理想的理解方式，還是多少應注意到傳統上對「世界」的認知，如此就會越來越明顯看到，對宗教人來說，整個世界是一個神聖的世界。

混沌與宇宙

　　傳統社會有一些凸顯的特質，其中之一是：他們認為在他們所居住的地區，以及圍繞在這地區旁未知而含糊的空間，這兩者之間是對立的。前者，就是我們所在的這世界、這宇宙；而外在於這世界之外的每一件事，便不再是宇宙的一部分，而是「另一個世界」，一種外來的、混沌的空間，被一些魔鬼、邪靈及類似邪靈和亡靈的外來者所盤據。空間中所出現的第一道可見的裂痕，便是導因於人類在所居住的、秩序化了的空間，也就是經過宇宙化了（cosmicized）的地區，以及超出這地區邊境之外的未知空間，這兩者之間的對立：一方面是宇宙，另一方面則是混沌。然而我們應該明白，人類所有居住地區之所以是一個宇宙，正因為它是第一個被祝聖，也因為這是眾神的作為，或者是與眾神世界的共融交往所致。我們所身在的這世界，是一個內在於神聖，且神聖已然顯現自身的宇宙，在這宇宙之內，一個層面突破至另一層面成為可能，並且可以不斷地反覆下去。而這，也就是為什麼宗教時刻總是指向宇宙創生的時刻，這其實也就不難理解

31

了。當神聖顯示出絕對的真實，同時使定向成為可能時，那麼，它便建造了這世界，是它設立這世界的界限，並建構了這世界的秩序。

這一切可以從為了佔領一個地區而舉行的吠陀儀式看得很清楚，透過對祝融祭壇（a fire altar，即 garhapatya）的設立，向火神阿耆尼（Agni）祭獻，使得占領該地成為合法有效的。「有人說，當人建造了一座祝融祭壇，人也就在此處定居了下來，而且所有建造祝融祭壇的人，都是合法建立的。」[6] 藉由祝融祭壇的設立，阿耆尼得以臨現，並使得與眾神世界的共融交往得以確保，此祭壇的空間便成為一個神聖的空間。然而，儀式的意義又遠比這點複雜，而且如果我們仔細地考慮所有的細節，我們便能瞭解為什麼祝聖一個地區就相當於建構一個宇宙，也就是將它宇宙化（cosmicizing）。事實上，因為這個向阿耆尼設立的祭壇，除了在一個小範圍的宇宙上仿效受造的世界（the Creation）外，別的什麼也不是。混雜著泥土的河流，被理解為原初的河流；形成這祭壇基礎的泥土，便象徵著土地；旁邊的圍牆則呈現出環境來……等。而這祭壇的建築物，亦伴隨著讚揚宇宙恰恰受造完成時的歌聲。[7] 因而祝融祭壇的設立，雖然它僅僅是確認一塊新地區的領土，卻相當於宇宙的創生。

一個未知的領域、異質的空間、未被我們人類所占領的地區，仍然屬於混沌的流動、不定、未成形的樣子。藉由占領這塊

32

6　原註：Cf. *Shatapatha Brahmana*（百道梵書），VII, 1, 1, 1~4.

7　原註：Cf. *Shatapatha Brahmana*（百道梵書），I, 9, 2, 29, etc.

地域，尤其是居住在其中，人們透過儀式性地重複宇宙創生，象徵性地將它轉化為宇宙。成為「我們的世界」，首先需要「受造」，而且，所有的受造物都有其典範模式——亦即諸神對這宇宙的創造。當北歐斯堪地納維亞半島的移民者占領冰島進而開墾這塊土地時，他們並不認為這項事業是一樁起源性的任務，也不認為它是人類和俗世的工作。對他們來說，他們的工作只不過是重複原初的行為，亦即將混沌轉化為宇宙的創造性神聖行為。當他們開墾荒原、種植土地時，實際上卻是在重複諸神當初的行動，即藉由賦予它們結構、形式、標準而將它們系統化組織起來的作為。

　　不管這是開墾荒原土地，還是征服、占領一個已由其他人類所居住的土地，其占領的儀式，總須要重複宇宙的創生。因為在古代社會的觀點中，所有「非屬我們這世界」的每件事物，都不算是世界。一個地方要成為「我們的」，唯有重新創造它，亦即祝聖它，才能成為我們的。這種對於未知領土的宗教行為，仍延續至啟蒙時代，甚至在西方也一樣。西班牙和葡萄牙的殖民地征服者，以耶穌基督之名占領了他們所發現並征服的領土。十字架的豎立，便相當於祝聖了這個國家，使這塊領土具有某種的「新生命」。因為透過基督，「舊的已成過去，一切都成了新的。」[8] 藉著十字架，這新發現的領土被「更新」，並「重新受造」。

8　《聖經·格林多後書》（哥林多後書），5：17。

空間的祝聖即宇宙創生的重複

　　我們必須瞭解，對一未知領域的宇宙化過程，常常是一種聖
化的儀式；對空間作有系統化的組織，便是重複諸神的典範作
為。宇宙化過程與祝聖儀式之間密切的關係，在一些文化的最
初階段中，早已被證實。譬如一些澳洲的游牧民族，他們的經
33　濟現今仍維持在農耕和小型狩獵的階段。依照阿蘭達[9]部落的傳
統，在神話時期，努巴庫拉神[10]已將阿奇帕[11]人後來的領土給宇
宙化，創造了他們的始祖，並建立了他們的各種制度。從橡膠樹
的樹幹，努巴庫拉神作成了「聖柱」，並用血塗抹它之後，爬上
此柱，消失於天空中。這聖柱象徵「宇宙軸」，因為環繞聖柱附
近的區域，被轉化為世界，人們也可在此地定居下來。所以，聖
柱在儀式上扮演了一個極為重要的角色。在阿奇帕人游牧期間，
他們總是將聖柱帶在身邊，並依聖柱轉向所指引的方向，選擇他
們所要採行的路線。這對他們持續在移動的過程中，可使他們總
是行在「自己的世界」（their world）裡，同時也得與天共融交
往，進入努巴庫拉神以前消失之處。

　　聖柱如果斷裂，便意味著大災難要來臨，好比「世界末

9　校註：阿蘭達（Arunta，或 Arrernte、Aranda，編按：或譯阿隆塔），大洋洲原
　　住民，主要分布於澳洲中部高原地區。
10　校註：努巴庫拉（Numbakula），阿蘭達族的創世神。
11　校註：：阿奇帕（Achilpa），阿蘭達族的一支部落。

日」，整個世界回到混沌。史賓賽[12]和吉倫[13]曾一度報導過此事：聖柱一旦斷裂，整個部落都將陷於恐慌之中，他們徘徊於沒有終向的時間中，至終將一起倒在地上，等著死亡追上他們。[14]

這個例子很巧妙地說明了二個方面：其一是聖柱的宇宙論功能，其二是它的救贖論角色。因為一方面，聖柱構成了努巴庫拉神過去用來宇宙化這世界的柱子；而另一方面，阿奇帕人相信，聖柱是他們得以與天神王國共融交往的方法。現在，人類唯有透過不斷與天神共融交往，才可能生存。阿奇帕人唯有依照努巴庫拉神對宇宙的組織與聖化來仿造，才能使這世界真正地成為他們的世界。生命若沒有一個面向超越界的開放，是不可能生存的；換言之，人類無法活在混沌中。人一旦失去了與超越界的聯繫，在這世上的生存便可能終止，而對阿奇帕人來說，便是任由自己死亡。

經過上述的分析，定居在某一個地方，便等於是祝聖它。當居住地點不再像游牧民族般，只是暫時的，而是像定居的族群，是永久的，這定居便涉及到整個族群的生存的重要決定。安置在某個特定的地方，建設它，並定居於此，這些行動都預設了一個生命性的抉擇。當人準備好創造這世界時，他便承擔起對這宇宙的抉擇。現在，這個宇宙已成了諸神所創造與居住之典範宇宙的

34

12　校註：史賓賽（Walter Baldwin Spencer, 1860 - 1929），英國生物學家與人類學家。

13　吉倫（Francis James Gillen, 1855 - 1912），澳大利亞人類學家與民族學家。

14　原註：B. Spencer and F. J. Gillen, *The Arunta*, London, 1926, I, p.388.

複製品，因而它也分享了諸神作為的神聖性。

　　阿奇帕人的聖柱支持著他們的世界，並確保他們得與天神共融交往。在此，我們擁有宇宙圖像的原型，這宇宙圖像已被廣泛地散播出去，亦即這根宇宙的樑柱支持著天，同時也打開了通往諸神世界的路。凱爾特族人和日耳曼人，即便在皈依基督教後，仍保留著對這種聖柱的崇拜。大約寫於西元 800 年的《洛爾施修道院簡明編年史》（*Chronicum Laurissense breve*）一書，報導了其中一次查理曼[15]與撒克遜民族（Saxons, 772）爭戰的過程，毀滅了位於艾勒斯城堡[16]的聖殿及最有名的伊爾明舒勒聖木[17]。富爾達的魯道夫[18]（約寫於 860 年）還指出：這個有名的柱子是「宇宙柱，它支撐著所有的事物。」同樣的宇宙圖像，不只在羅馬人周遭（如賀拉斯的《詩藝》〔Horace, *Odes*, III, 3〕）和古印度（如《梨俱吠陀》〔*Rig Veda*, I, 105; X, 89, 4; etc.〕所謂之skambha，即宇宙柱）發現；而且也在加那利群島[19]上的居民，

15　譯註：查理曼（Charlemagne, A.D. 742 - 814），法蘭克王國的國王，後來成為西羅馬帝國的皇帝。

16　校註：艾勒斯城堡（Eresburg），撒克遜民族建立的古城堡，位於德國北萊茵－西發里亞邦的山丘。

17　校註：伊爾明舒勒（Irminsul），艾勒斯城堡內的聖木，撒克遜民族前基督宗教時期的信仰遺跡。

18　校註：富爾達的魯道夫（Rudolf of Fulda, ?-862），德國聖本篤修士與歷史學者。

19　譯註：加那利群島（Canary Islands），位於北大西洋東部，1497 年起淪為西班牙殖民地，後被改為西班牙的兩個省。

及遠方文化（如瓜基烏圖族[20]，及印尼弗洛勒斯島的納德厄族[21]
中發現。

瓜基烏圖族人相信，銅製的聖柱穿越過宇宙三層次：地下、
地上、天上，而在它進入天空的位置上，便是「上方世界之
門」。天空中可見的這道宇宙樹之像，就是銀河。而諸神的作
品——宇宙——便被人類在其範圍內重複與模仿。以銀河的形式
呈現於天空中的**世界之軸**（axis mundi），以聖柱的形式出現於
慶典之殿內。以三十至三十五尺高的香柏木樹幹來做，且超過半
數以上，突出穿過屋頂。這根柱子在慶典中，扮演著一個主要的
部分，它賦予這房子一個宇宙性的結構。在禮儀的頌歌中，房子
稱為「我們的世界」，而住在這房子裡準備入門禮的候選人，
則宣告：「我在世界的中心，我在世界的柱子上」等等。[22] 同樣
地，從宇宙柱到聖柱的同化作用，以及從慶典之殿到宇宙的同化
作用，也在印尼弗洛勒斯島的納德厄族中發現。此祭獻之柱被稱
為「天之柱」，而且一般相信，是它支撐著天。[23]

36

---

20 譯註：瓜基烏圖族（Kwakiutl），加拿大西南部之英屬哥倫比亞沿岸一帶之一印
　　地安民族。

21 校註：弗洛勒斯（Flores），印尼東南方的小巽他群島中的大島；納德厄族（
　　Nad'a，或 Ngada），居住該島中、西部區域的原住民族。

22 原註：Werner Müller, *Weltbild und Kult der Kwakiutl-Indianer*, Wiesbaden, 1955,
　　pp.17~20.

23 原註：P. Arndt, "Die Megalithenkultur des Nad'a" (*Anthropos* 27, 1932), pp.61~62.

世界的中心

　　瓜基烏圖族新入門的青年公開宣稱：「我站在世界的中心！」同時也顯示出神聖空間的一種最深層意義。透過聖顯，從一個層次穿越至另一個層次已然實現，而且還有一道開口在此被建立起來，這道開口不是向上（通往神的世界），就是向下（通往地底下的世界或死亡的世界）。宇宙的三層次：天上、地上、地下，已在此相通了。正如我們剛才所說的，這三層次的相通，有時候是透過宇宙柱圖像來表達的；宇宙柱連繫，並且支持著天與地，而它的基底則被深植於地底下，即我們所稱的地獄。像這樣的宇宙柱，必然只能立於世界的正中心，因為所有可以居住的世界，便是圍繞著它而向外伸展開來的。因此，我們得到一個宗教性概念和宇宙圖像的相關結果，這二者密不可分地互有關聯，而且共同形成了一套體系，傳統社會中所盛行的說法稱為「世界的體系」：（1）神聖空間在空間的同質性中，構成了一個突破點（break）。（2）這個突破點由一個「開口」所象徵，透過這個開口，才得以讓一個宇宙區域通往另一個區域成為可能（即從天上到地上、從地上到天上、從地上到地下世界）。（3）與天的共融交往，可由各種圖像表達出來，而所有的圖像都提及「宇宙軸」，如柱子、梯子（如雅各伯的梯子）、高山（如中國祭天的泰山）、樹木、藤蔓……等。（4）我們的世界圍繞著這宇宙軸向外伸開，因而此軸位於「正中央」，在「地的肚臍眼上」；它是世界的中心。有很多各式各樣的神話、儀式、信念，是來自

這個傳統的「世界的體系」。但我們無法在此一一關注到每個向度，而寧可舉一些取材自各色文化的例子，尤其是有助我們瞭解傳統社會生活中神聖空間的角色的例子。不管這神聖空間是以神聖境域的形式出現，或慶典之殿、城市或世界，我們到處可見「世界中心」的象徵；而且，從大部分的例子中，這個象徵說明了關於人居住空間的宗教行為。

　　我們將由一個例子開始──宇宙山，這個例子具有直接顯示出「宇宙山」這類象徵型態的一貫性與複雜性的優勢。我們剛剛已瞭解到，高山顯示出天地間連接之象，所以一般相信它位於世界的中心。而且在很多文化中，我們的確聽到了很多這類的山，或真實、或有如神話般的奧妙，總之它就是位於世界的中心點上。印度的須彌（Meru）山、伊朗的哈拉貝雷扎伊山[24]、美索不達米亞神話中的「萬國之峰」（Mount of the Lands）、巴勒斯坦的革黎斤山[25]……都不乏例子，這些地方甚且都被稱為「地的肚臍眼」。[26]由於聖山是連接天與地的宇宙軸，從某個觀點來說，它碰觸到天，所以也標示出世界的最高點；這使得圍繞著它的地區，以及建構出「我們的世界」的地區，被視為是國家領土的最

24　校註：哈拉貝雷扎伊（Haraberezaiti，編按：或譯哈拉貝拉槳提），古代伊朗傳說中的聖山，天上眾星皆環繞其旋轉。

25　譯註：革黎斤山（Gerizim），是巴勒斯坦中部的高山之一，梅瑟的承繼人若蘇厄率領以色列子民渡過約旦河，佔領巴勒斯坦福地後，六個支派在此山宣讀上主的祝福（請參閱：申 11：29；27：13-13；蘇 8：33-35），其後，部分以色列子民（撒瑪黎雅人）在此山上修建聖殿，視此山為聖山，每年在這座山上慶祝他們的逾越節，直到今日。

26　原註：參閱 Eliade, *Myth*, pp.10ff 所列書目的參考資料。

高處。希伯來的傳統中有一段敘述：巴勒斯坦，最高之處，不曾被洪水所淹沒。[27] 根據伊斯蘭教的傳統，世界的最高之處在克爾白[28]，因為「北極星證明它面對著天堂的中心」[29]。對基督宗教而言，哥耳哥達（各各他）[30] 便是在宇宙山的頂峰上。這些信仰，在在都表明著相同而有深度的宗教感受：「我們的世界」是神聖之地，因為它是最接近天的地方，因為不管由此處，或由我們的住所，都可能上達於天；所以我們的世界是在高處。用宇宙論的話來說，這樣的宗教概念是一種對所愛之地的投射，此地是「我們的」，且位於宇宙山的頂峰上。我們接著要思索的，便是引出各種結論，譬如剛才舉過巴勒斯坦的例子：聖地絕不會被洪水所淹沒。

相同「中心」的象徵，也解釋了其他宇宙圖像和宗教信仰的各系列。在這些系列中，最重要的有：（1）聖地與聖殿，一般相信是座落在世界的中心上。（2）廟宇，是宇宙山的複製品，因而建構了天與地之間最卓越的連結。（3）廟宇的根基，深深地向下延伸至「下界」。

我們有充分的例子足以說明這些。舉完例後，我們希望能對相同象徵的不同面向作一整合；世界上這些傳統概念極為明顯的

---

27 原註：A. E. Wensinck and E. Burrows, cited in *ibid.*, p.10.

28 校註：克爾白（Kāʼaba，或 Kaʼbah），麥加的天房，為穆斯林年度朝觀的至聖所，相傳為亞伯拉罕在曠野中流浪時受上帝啟示所建立。

29 原註：A. E. Wensinck, cited in *ibid.*, p.15.

30 譯註：哥耳哥達（Golgotha），基督新教譯為各各他，即耶穌被釘死在十字架上的地方，在耶路撒冷城郊。

一貫性，便會越來越清楚。

　　整個中國統治地區的首都，便是位於世界的中心上，在那裡，夏至的正午，陽光投射在日晷儀上必定不會有影子。[31] 同樣的象徵也發現於耶路撒冷的聖殿，建造在聖殿上的磐石，就是地的肚臍眼。冰島的朝聖者尼古拉（Nicholas of Thverva），他在十二世紀往耶路撒冷朝聖時，寫到了「神聖的墓穴」時說：「世界的中心就在這裡；在這兒，夏至的正午，陽光從天上垂直地照射下來。」[32] 相同的概念也在伊朗出現，伊朗的國土亦位於世界的中央與核心。就如同心臟位於人體的中心一樣，「伊朗的國土又比其他各國更為重要了，因為它位於世界的正中央上。」[33] 也就是因為這樣，伊朗的「耶路撒冷」希茲[34]（位於世界的中央），被視為是王權的發源地，同時也是查拉圖斯特拉[35]的出生地。[36]

　　至於將廟宇比作宇宙山[37]，以及它們連結天與地的功能，我們可以從賦予巴比倫聖殿的名稱中，得到證明；它們被稱為

---

31 原註：M. Granet, in Eliade, *Patterns*, p.376.
32 原註：L. I. Ringbom, *Graltempel und Paradies*, Stockholm, 1951, p.255.
33 原註：*Sad-dar*, 84,4~5, cited in Ringbom, p. 327.
34 校註：希茲（Shiz），古波斯帝國的聖城，位於今日伊朗西亞塞拜然省的塔卡卜市。
35 譯註：查拉圖斯特拉（Zarathustra，也作 Zoroaster，瑣羅亞斯德），古代波斯國教祆教的始祖。
36 原註：參閱 Ringbom, pp. 294 ff and *passim* 中的重要組合與討論。
37 譯著：台灣也有將古廟稱作「巖」的傳統，例如「泰山巖」指在泰山地區的主廟。

「聖殿之山」（Mountain of the House）、「所有領土之山的聖殿」（House of the Mountain of all Lands）、「暴風雨之山」（Mountain of Storms）、「天與地之間的連接」（Link between Heaven and Earth）……等。古金字塔形的殿宇，便是一座不折不扣的宇宙山；它的七層建築形式顯示出七層行星的天；藉著登上這七層，神職人員便達到宇宙的頂端。同樣的象徵也解釋了在爪哇的婆羅浮屠大廟[38]，它建了一座人造山，登上這座山，就有如至世界中心的一趟神遊般，到了最高一層平台時，朝聖者會經驗到一股突破性的穿越，由一個層次穿越至另一層面，而進入超越凡俗世界的「純境」（pure region）中。

杜爾－安－奇（Dur-an-ki）是出現在尼普爾（Nippur）、拉爾薩（Larsa）、西帕拉（Sippara）[39]及其他各地的一個名詞，被廣泛應用在巴比倫聖殿的名字上，意思就是「天與地之間的連接」。巴比倫有很多稱呼聖殿的名字，諸如「天地基底之殿」、「天與地之間的連接」。此外，巴比倫也有一些連接地與下界所建造的殿宇，因為城市就是建築在「阿普蘇之門」（The Gate of Apsū）上的，這阿普蘇（編按：或譯阿卜蘇）指的是創世之前的混沌之流。我們也在希伯來文化中發現同樣的傳統：耶路撒冷聖殿的磐石，深深地伸入深淵（tehōm）之中，這深淵相當於阿

38　校註：婆羅浮屠（Borobudur），印尼最重要的後期大乘佛教寺廟建築群，位於中爪哇省。

39　校註：尼普爾（Nippur）、拉爾薩（Larsa）、西帕拉（Sippara）皆為古代兩河流域文明的城邦，位於伊拉克中、南部地區。

普蘇，即指創世之前的混沌之流。而且，如同巴比倫的「阿普蘇之門」一樣，耶路撒冷聖殿的磐石亦包含了「深淵之口」[40]的涵意。

　　阿普蘇與深淵，都象徵著混沌之流，是**宇宙之前尚無形式的樣子**，而同時也是死亡的世界，以及一切在生命形成之前與結束之後的世界。「阿普蘇之門」與「深淵之口」的磐石，不僅指出了地與下界（陰間）之間的交界點，也是地與下界的聯繫點；而且，**以存在情境來說，它們也指出了這兩種宇宙層面的分別**。在深淵和塑造它的口的聖殿磐石之間，有一個貫穿宇宙面的突破點，使實質轉變為形式、死亡轉變為生命。如水般的混沌，即創世之前、並同時象徵退化回死亡後的無形式，乃是回到了存在之前的未成形樣子。從某個觀點來說，下界可以被對應到未知而又荒涼的地區，那裡是個無法居住的地區；但，這地底下的世界，相當於未開拓領域所延展開來的混沌，我們的宇宙卻在它的上方被堅固地建立了起來。

「我們的世界」總是被安置於中心

　　從上述所說的一切可以得知，真實的世界總是位於中心和正中央，因為在此處，有一個貫穿宇宙面的突破點（break），因

40　原註：Cf. the references in Eliade, *Myth*, pp.15 ff.

而得以連繫宇宙的三層面。不管這地區所涵蓋的範圍有多大，這宇宙所呈現出來的，總是完美的。一個完整的國家（如巴勒斯坦）、城市（如耶路撒冷）、聖殿（如耶路撒冷的聖殿），都相當完美地呈現出**世界之像**（imago mundi）來。約瑟夫斯[41]在論述聖殿的象徵時曾寫道：聖殿的庭院象徵海洋（即「下界」），聖地則象徵我們所居住的這「地」，而至聖所便象徵著「天」（《猶太人古史》〔*Ant. Jud.*, III, 7, 7〕）。那麼，很清楚地，宇宙之像和中心，兩者都是重複我們居住的這世界。巴勒斯坦及耶路撒冷的聖殿都多番地，也一致地呈現出宇宙之像及世界的中心來。在各個小之又小的範圍內，這種多重性的中心，及世界之像的反覆出現，構成了傳統社會中的一種特質。

43

對我們來說，這似乎成了一個免不了的結論：**宗教人想要盡可能接近世界中心而活**。宗教人知道他的國家座落在地的中心點上，宗教人也知道他的城市建立在宇宙的肚臍眼上，而且更重要的是，他知道聖殿或宮殿乃真實地位在世界的中心上。此外，宗教人也希望他自己的住家位於中心上，並且成為一個宇宙圖像。而且事實上，也將如我們所見，住家也被認為是在世界的中心上，並在這小宇宙的範圍中，複製這世界。換言之，傳統社會中的人只能活在一個向上開放的空間中，在那裡，得使貫穿宇宙三層面的突破獲得象徵性地確保，並因而得與另一個世界（即超越界）共融交往，這在儀式上是可能的。當然，最卓越完美的中

---

41 校註：約瑟夫斯（Flavius Josephus, 37-100），猶太歷史學家，並在羅馬帝國擔任軍職。

心——聖殿，在城市中最接近他的地方，只要進入這聖殿，就可以確保與諸神的世界共融交往。不過，宗教人還是覺得有「經常」活在中心的需要，就像我們曾提過的阿奇帕人，他們總是將聖柱帶在身邊，以使自己不致遠離中心，並維持與俗世之上的世界共融交往。總之，不管是空間的何種向度，或是他所熟悉的地方，或是他安置國家、城市、村莊、住家的地方，宗教人總覺得需要經常活在一個完整而有組織的世界（即宇宙）中。

44

　　宇宙從它的中心誕生，它從一個中心點（也就是它的肚臍）伸展開來。根據《梨俱吠陀》（*Rig Veda*, X, 149），宇宙以此方式，由一個核心、一個中心點中誕生和發展。希伯來傳統顯得更為明確：「至聖者創造這世界就好像一個胚胎。如同胚胎是由肚臍生長出來的，上主也是由肚臍開始創造這世界的，並且由此向各個方向伸展開來。」而且，因為「地的肚臍」即世界的中心，是神聖之地，〈贖罪節論〉[42] 證實「這世界是由熙雍（Zion，或稱錫安）開始受造的。」[43] 班·高里昂拉比[44] 曾談到耶路撒冷的磐石說：「它稱為地的基石，也就是地的肚臍，因為整個世界是從那裡被伸展開來的。」[45] 而後也同樣地，因為人的受造也是一個宇宙創生的複製品，第一個人也隨著「地的肚臍」

42　校註：〈贖罪節論〉（Yoma），猶太教聖典《密西拿》（*Mishnah*）中有關贖罪節規範的一段論註。

43　原註：參閱同前，16 頁。

44　校註：班·高里昂拉比（Rabbi ben Gorion），公元一世紀的猶太法學家。

45　原註：Cited in W. W. Roscher, "Neue Omphalosstudien" (*Abh. der Königl. Sächs. Ges. d. Wiss., Phil.-hist. Klasse*, 31, 1, 1915), p.16.

45　中（或以猶太－基督宗教的傳統來說，是在耶路撒冷）被塑造了
出來。不可能有所例外，只要我們記住，中心就是宇宙面發生突
破（break）之處，在那裡，空間便成了神聖的，因而也成了最
真實的。創造，包含有極多的實體，也就是神聖進入這世界的一
種介入。

　　再者，所有的建築和構造，都以宇宙創生為其典範的模式。
世界的創造，成為所有人類創造行為的原型，不管它可能參考的
層面為何。我們已經明瞭，定居在某個地區，就是不斷重申宇宙
的創生。「中心」的宇宙創生價值也愈來愈明顯。我們現在更能
理解，何以人類所有的建設行為，都是在重複宇宙的創造，也就
是從中心點（肚臍）出發的創造過程。正如宇宙是從一個中心點
向外展開，並向外延伸出四個主要的點，村莊便環繞著交叉點而
建立起來。在印尼的巴峇島中，一如亞洲的某些其他地區，當人
們準備建立起一個新的村莊時，會尋找一個自然的交叉點，在那
裡鋪起兩條垂直交叉的路。從中心點向外構成的四方建築，便
是一個宇宙圖像。村莊區分成四部分（順便一提，這種區分也包
含對社區作類似的區分），相對於宇宙區分成四個區域。在村莊
的中央經常留下一塊空地，而後便在這塊空地上建築一座慶典之
46　殿，殿的屋頂象徵天（有些例子，天乃是由樹梢或山巒之像所顯
示）。而相同垂直線的另一端，則位於死亡的世界，以某些動物
來象徵（例如蛇、鱷魚等），或由一些會意符號來表達黑暗。[46]

46　原註：Cf. C. T. Bertling, *Vierzahl, Kreuz und Mandala in Asien*, Amsterdam, 1954,
pp. 8 ff.

　　村莊的宇宙象徵，在聖殿或慶典之殿的結構中不斷地重複。新幾內亞的瓦洛彭族[47]人認為，「人的房子」位於村莊的中央，其屋頂象徵天上的穹蒼，四面牆則對應於空間的四個方向。在希蘭島[48]，村落的聖石象徵天，而支撐它的四根石柱，則具體化了支撐天的四根聖柱。[49]類似的概念也在阿耳岡部族[50]和蘇部族[51]中發現，他們步行走到入門儀式的神聖小屋裡，這神聖小屋就象徵著宇宙。其屋頂象徵天的穹窿，地板象徵地，四面牆則象徵宇宙空間的四個方向。空間的儀式性建構，強調三方面的象徵：四扇門、四面窗，以及四個顏色代表四個主要的點。神聖小屋的建築呈現出這世界，因而是重複宇宙的生成。[52]

　　我們無須感到奇怪，在古義大利和古日耳曼裡也發現類似的概念。總之，這個根本的觀念不但出現在古代，也被廣泛地散佈開來，即：從一個中心出發，向四個主要的方向投射出四個區域來。羅馬人的**世界**（mundus）是一個區分為四部分的環形溝，它同時也是世界之像，以及人類居所的典範模式。羅馬古城四方區（Roma quadrata）則已被正確地證實，它不應被理解

47

<hr />

47　校註：瓦洛彭族（Waropen），印尼巴布亞省西北部沿海的原住民族。

48　譯註：希蘭島（Ceram），印尼中部摩鹿加群島中的一島嶼。

49　原註：參見 Bertling 前引書中的參考資料，pp. 4~5。

50　譯註：阿耳岡部族（Algonquins），居住在加拿大渥太華河河谷地區的印第安人。

51　譯註：蘇部族（Sioux），居住在美國北部（北達科他州及南達科他州）及加拿大南部的印第安人。

52　原註：參見 Werner Müller, *Die blaue Hte*, Wiesbaden, 1954, pp. 60ff 的資料與詮釋。

為四方形的形狀，而是被區分為四個部分。[53] **世界**（mundu）很清楚地被認為是「**中樞**」（Omphalos）[54]，即地的肚臍；而城市（urbs）則位於**世界**（orbis terrarum）的中央。類似的觀念一再地顯示出來，日耳曼村莊與城市的結構也可以此解釋。[55] 在各色極其不同的文化脈絡中，我們經常發現到相同的宇宙圖像以及相同的禮儀情節，那就是：**定居於一地區之中，相當於建立一個世界。**

城市－宇宙

　　既然「我們的世界」是一個宇宙，一切來自虛無之地的攻擊，都會有使宇宙轉回混沌的危險。而且，我們的世界乃是建基於眾神對宇宙創生的典範作為的仿效；所以，攻擊這世界的敵人，便被理解為眾神的敵人──魔鬼，尤其是創始時為眾神所征服的原初巨獸──魔頭（archdemon）。對我們世界的攻擊，相當於神話巨獸的一種復仇舉動，牠反抗眾神的作為，反抗這世界，並極力地破壞這世界。我們的敵人屬於混沌的力量。因此，**所有對城市進行解構，就等於是退化回混沌。而凌越攻擊者之上**

48

53　原註：F. Altheim, in Werner Müller, *Kreis und Kreuz*, Berlin, 1938, pp. 60 ff.

54　譯註：Omphalos，古希臘字，原意為盾中央之浮飾，在古希臘神話中，阿波羅神殿的原錐形石柱就稱 omphalos，普遍認為這就是地球的中心。所以在此我們將 omphalos 譯作「中樞」（編按：也有譯作「大地之臍」）。

55　原註：同上，pp. 65 ff.

的得勝，便再次重申了眾神凌越巨獸之上（或說是凌越混沌之上）的典範式的勝利。

　　這就是為什麼埃及的法老王（Pharaoh）被認為是神——雷（Rē），是神話巨獸的阿波菲斯[56]的征服者。大流士[57]自認為是新的費里頓（Thraetaona）[58]。在猶太傳統中，異教的國王被表現為類似巨獸的樣子，就像耶肋米亞先知曾描述巴比倫王拿步高要將他吞食毀滅[59]，又像《撒羅滿（所羅門）的聖詠》（*Psalms of Solomon*, 9:29）中所描繪的龐貝（Pompey）。

　　如我們即將看到的，巨獸是個典範性的角色，如海怪、原初之蛇等，象徵宇宙之流；又如黑暗象徵夜晚和死亡；簡而言之，這些是象徵無形式、潛在的、一切尚未成「形」的事物。巨龍必須被眾神所征服，並撕裂成碎片，宇宙才得以誕生。宇宙是由馬杜克神[60]從海怪提阿馬特（Tiamat）的身體所塑造出來的。雅威則在戰勝了原初之獸拉哈伯（Rahab）後，創造了這世界。然而，我們也將看到，眾神戰勝巨龍，必須每年被象徵性地重複，因為世界必須每年被更新。同樣地，眾神戰勝黑暗、死亡與混沌的勢力，也必須在每個城市對抗其侵略者時重複。

　　住處及城市的防禦要塞，極有可能是始自法術般的防禦方

56　校註：阿波菲斯（Apophis，或 Apep），蛇形巨獸，代表死亡與黑暗世界。

57　譯註：大流士（Darius, 550~486 B.C.），古波斯王。

58　校註：費里頓（Thraetaona，或 Fereydun），伊朗的神話英雄，曾殺死一隻三頭的巨獸。

59　譯註：參閱《聖經・耶肋米亞先知書》（耶利米書），51：34。

60　譯註：馬杜克（Marduk），古代巴比倫人的主神，原為巴比倫的太陽神。

法，這些防禦要塞（如溝渠、迷宮、堡壘等）被設計來抵抗巨獸及亡靈的入侵，更甚於抵抗人類的攻擊。印度北方在流行病傳染期間，會在村莊周圍畫上一個圓圈，以此抵擋疾病的巨獸從圍牆外入侵。[61] 歐洲在中世紀時，城牆亦被儀式性地建構為抵抗魔鬼、疾病與死亡的入侵。此外，我們也不難發現，以這樣的象徵模式來思考，人類的敵人便被類比為魔鬼和死亡。從上述對各種攻擊結果的分析來看，不管是魔鬼還是軍事戰爭，它們的結果都一樣是毀滅、分裂與死亡。

值得注意的是，我們今天這時代在陳述各種威脅某種文明的危害時，仍然會使用一些同樣的圖像，我們稱之為壓倒這世界的混沌、失序與黑暗。這些用詞，都在表達某種秩序、宇宙、系統性結構等的廢止，並且再次沉浸到流體、毫無形式的狀態中，或簡言之，就是回到混沌的狀態中。不過，我們認為，其實這些典範圖像，仍然活在非宗教人的日常語言的口頭禪之中。世界上某些具宗教意義的事物，仍然持續存在於凡俗人的行為中，即使他並未曾意識到這個遠古以來的傳統。

開始從事世界的創造

我們來思索一下有關人類住處中，傳統的宗教行為與凡俗行

61　原註：Eliade, *Patterns*, p.371.

及個人來說，都要求一個致命的決定。因為這其間涉及了人對於
所選擇的居住之處，開始從事世界的創造。因而人必須模仿眾神
的作為，即宇宙創生的過程。然而，這並非一件容易之事，因為
宇宙創生也有一些悲劇、血腥殺戮的過程；身為神明作為的模仿
者，人必須反覆地將這些過程重現出來。既然眾神必須擊殺海怪
或魔鬼並將它撕裂，以便從中創造這世界；那麼，當人建造這
世界、城市或他的房子時，也必須模仿這些過程。基於這樣的
需求，在建築的場合上必須有一些血腥或象徵性的祭獻，有無數
「建築祭獻」的形式，關係到下面我們必須進一步說明的事。

　　不管傳統社會的結構是如何，或是狩獵，或是畜牧，或是農
耕，或是已進入都市文明的階段，其住處總會經過一個祭獻的過
程，因為它建構了宇宙圖像，而此世界亦是一個神聖的創造。有
很多種方法可使住處與宇宙相對應，因為宇宙的生成具有各式各
樣的型態。而我們的目的，已足以區分儀式性地將住處（不管是
地區還是房子）轉化為宇宙的兩種方法，也就是賦予地區或房子
宇宙圖像價值的兩種方法：（1）經由一個中心點，向四方區域
投射，以此將村莊轉化為宇宙；或者，經由象徵地設置宇宙軸，
以此將住家轉化為宇宙。（2）透過一個建構的儀式，重複眾神
從海怪或原初巨獸的身體中使世界誕生之效力的典範行為。我們
無須在此細述這兩種聖化住處的方法中，其世界觀有何根本性的
差異；亦無須細述它們的歷史性和文化性所預設的前提。下列所
提二例便足以說明了：第一種方法（經由向四方區域的投射，或
設置宇宙軸而將空間轉化為宇宙的過程），已在最古老的文化階

段中得到證實（參：澳洲阿奇帕民族的宇宙柱〔kauwa-auwa〕聖柱）；而第二種方法，似乎在最早的農業文化中已有發展。對我們的研究來說，重要的是這個事實：在所有的傳統文化中，居家住處因著反映出這個世界的單純事實，而具有神聖性。

53

　　因此，在北美和北亞的一些原始民族中，我們可以在他們的住處中發現一個中心點，這個中心點即等同於**宇宙軸**，或等同於宇宙樹，它就如同我們前面所說的，是天與地之間的連接。換言之，**宇宙的象徵正是在住處本身的結構中被確立的**。房子就是**宇宙之像**。天空，被認為是一個巨大之篷，為中心柱所支撐著；篷的支柱，或者房子的中心點，即等同於「世界之柱」，而它們也是如此被稱呼的。

　　這個中心點或中心柱，在儀式上扮演著重要的角色；在對天上至高之神的敬禮中，此祭獻便是在中心點或中心柱的腳下執行的。同樣的象徵也在中亞的畜牧民族中被保留下來，不過在這裡，因為帶有中心柱的圓錐形屋頂已被蒙古包所取代，使得中心柱的祕思[63]性儀式的功能，被轉換到向上開啟的煙囪。就像宇宙軸一樣，修過枝之樹幹的頂端，從蒙古包上方的開口伸出（象徵宇宙樹），被認為是一座通向天上的梯子；巫師爬上梯子，展開

63　譯註：祕思，即 myth，一般多譯為「神話」，但中文的「神話」指的是「故事體裁」的象徵（可參關永中，1997），並不能涵蓋 myth 這個字所指涉的奧祕性思維。因此本書對 myth 的翻譯，配合上下文的內容，在廣義指稱奧祕性思維時，以「祕思」譯之；在具有故事體裁內容之處，譯為「神話故事」；另在不易區分二者之處，以「祕思（神話）」方式並列表之，以便確切呈現原文涵義。

54　他們在天上的旅程，並且透過向上的開口，向外飛出去。[64] 立於住處中央的聖柱，也可發現於非洲含米特人 [65] 的畜牧民族中。[66]

宇宙創生與建築祭禮

　　類似的概念也在印度這個高度發展的文化中發現；不過在此，還有另一範例可以指出將房子對應於宇宙的方法，一如我們前述曾廣泛提及的方法。在石匠擺設基石之前，天文學家會向他們指示適當的放置點，這個放置點被認為是位於蛇支撐這世界的那個點上。指揮石匠工人的雇主，將一根木樁磨尖，而後插入地基裡，而且就是精準地插入所指示的那個點上，以便將蛇的頭給固定住。接著，基石便放置在這根木樁上。**所以，基石便精精準準地立於世界的中心上。**[67]

　　此外，這個基本的動作，亦是重複宇宙創生的動作；因為將柱子插入蛇的頭裡，以便將它「固定住」，這便是模仿蘇摩

64　原　註：M. Eliade, Le Chamanisme et les techniques archa ues de l'extase, Paris, 1951, pp.238 ff. Cited hereafter as Le Chamanisme.

65　譯註：含米特人（Hamitic and Hamitoid），居住在北非及東非，相傳是基督教聖經中諾厄（挪亞）的次子含的後代，見《創世紀》，6：10。

66　原　註：Wilhelm Schmidt, "Der heilige Mittelphahl des Hauses," *Anthropos*, 35~36, 1940~1941, p. 967.

67　原註：S. Stevenson, *The Rites of the Twice-Born*, Oxford, 1920, p.354.

（Soma）[68] 或因陀羅（Indra）[69] 的原初作為，如同《梨俱吠陀》所傳達的，木樁「直搗蛇穴」[70] 之後，在蛇發出閃電時「砍斷蛇的頭」[71]。**如我們前述所說的，蛇象徵混沌、無形式、無形像。砍斷蛇的頭就相當於一種創造的行為，是一種從無到有的創造行為。**再者，這亦是馬杜克神由原初海怪提阿瑪特的身體所塑造的世界。這場勝利，每年都被象徵性地重複執行，因為每一年宇宙都會被更新。而且神得勝的典範行動，也同樣在每一個建築的場合中重複，因為每一個新的建築，都是複製世界的創造。

55

宇宙創生的第二種型態則更為複雜，我們在此只能稍作簡略描述。不過，提出這點也是必須的，因為從以上的分析，無數建築祭獻的形式都牽涉到這種宇宙創生型態；這種型態，簡要地說，就只是一種對原初的祭獻所賦予這世界的生命的模仿，而且常常是一種象徵式的模仿。譬如，在某個文化階段開始時，宇宙創生神話說明了透過殺死一巨獸而創造了這世界（譬如德國神話中的尤彌爾[72]；印度神話中的原人〔Purusha〕；中國神話中的盤古）；它的器官分解為各種宇宙區域。

68　校註：蘇摩（Soma），古印度吠陀經典所提及某種祭祀神明所用的飲料，喝後具有出神恍惚的作用；但在《梨俱吠陀》的頌歌中，蘇摩被人格化為主宰此種飲料之神奇力量的神祇。

69　校註：因陀羅（Indra），古代印度教的天界之神，亦為雷神與戰神，原本為眾神之首，但印度教在吠陀時代以後發展出新的神話觀與哲學觀，其地位逐漸被梵天、濕婆、毗濕奴三大神所取代。

70　原註：*Rig Veda*, IV, 17, 9.

71　原註：*Rig Veda*, I, 52, 10.

72　校註：尤彌爾（Ymir），巨人族的始祖。

　　根據其他各類型的神話，不僅宇宙是從原初物或其形體的祭祀犧牲的結果，而使宇宙誕生；就連植物性的食物、人類各個種族，乃至不同的社會階層等等，皆是如此誕生的。「建築祭獻」就是建基在這種宇宙創生神話的型態上。如果一個建築物（如房子、聖殿、工具……等）要能延續久遠，那它就必須被賦予生命力，也就必須接受生命和靈魂。而靈魂的轉化，只能透過一場血的祭獻。宗教史、人種學、民俗學中，都記載了無數「建築祭獻」的形式，或是象徵性的儀式，或是血的祭獻，都是為了建築結構的益處。[73] 在歐洲東南方，這些信仰引發了許多令人讚歎的民間歌謠，譬如有一首曲子，就描寫了石匠工人雇主的太太，為使建築得以完全而祭獻。（參閱：希臘阿爾塔〔Arta〕橋的歌謠；羅馬尼亞阿爾傑什〔Argesh〕男修院的歌謠；南斯拉夫斯庫塔里〔Scutari〕城的歌謠等等。）

　　有關人類住所之宗教意涵，我們已說得夠多了，有些結論亦足以自明。尤其像城市或聖殿，房子經由宇宙圖像的象徵或儀式，或全體或部分地被聖化。這也就是為什麼定居在某個地方，無論是建造一個村莊或僅僅是蓋一棟房子，呈現的都是一個重大莊嚴的決定，因為其間關乎人的真實存在；簡單地說，人必須創造他自己的世界，並擔負起維持和更新它的責任。住處不能被輕率地變更，因為要一個人放棄他的「世界」並不容易。房子並非一個東西或一個「可供居住的機器」而已；**它是一個宇宙，是**

73　原註：Cf. Paul Sartori, "Über das Bauopfer", *Zeitschrift für Ethnologie*, 30, 1938, pp. 1~54.

人們藉著模仿眾神典範式的創造——即宇宙的創生，來為自己建
構的宇宙。每一個建築和每一處住宅的落成（開幕）典禮，某種 57
程度上都等於是一個**新開始、新生活**。而每一個新開始，都是重
複最初的起源，即宇宙第一次出現曙光的那一刻。甚至在高度去
神聖化的現代社會中，逢喬遷新居之節日或喜慶時，都仍保留了
古老以前開始一個新生活（incipit vita nova）時所狂歡慶祝的記
憶。

因為住宅建構了一個宇宙圖像，象徵性地安置於世界的中
心。因而從宗教觀點來看，同時出現多數、甚至無數的世界中心
並不困難。因為這並不是單純的地理空間，而是一個存在性和神
聖性的空間，它具有一個全然不同的結構，亦允許無數的突破點
（break），得以無限地與超越界共融交往。

我們已經明白了各種住宅形式之「向上開啟」（upper
opening）的宇宙意義和象徵性角色。另外有一些文化，將這些
宇宙意義和象徵性功能，轉化為煙囪及位於神聖之地上方的屋頂
部分，而且該屋頂在延緩病人面臨死亡痛苦的情況下，可被移除
或甚至被打破。我們下面還會談到宇宙－房子－身體三者的對應
性，屆時我們還會有機會指出「打破屋頂」的深層意義。現在，
我們所要關注的是：最古老的聖殿是露天的，或者在屋頂上穿鑿
一個洞——亦即「穹窿之眼」，象徵從一個層面穿越至另一層 58
面，與超越界的共融交往。

因此，**宗教性的建築構造，不過是採取並發展早已呈現在原**
始住宅結構中的宇宙象徵。然而在時間上，人類的住宅又是繼暫

時性的「聖地」，或暫時被祝聖和宇宙化的空間之後（如澳洲的
阿奇帕聖柱）。也就是說，所有關於聖殿、城市和房子的象徵和
儀式，最終都是源自於對神聖空間的原始經驗。

聖殿、大教堂、主教座堂

　　在一些偉大的東方文明中，從美索不達米亞、埃及，乃至中
國和印度，聖殿都被賦予新而重要的價值。它們不僅是個宇宙圖
像；而且被認為是超越模式在世間的複製品。猶太教繼承了古東
方的概念，將聖殿視為天體的建築結構的複製品。這個觀念，或
許已是剛才所詮釋觀點中的一個：宗教人表明出對神聖空間的原
始經驗，而此經驗是相對於凡俗空間的經驗的。因而我們必須或
多或少地，專注在這些來自新的宗教概念所顯示出來的觀點上。

　　這個問題的基本事實，可以概括如下：假如聖殿建構成一個
宇宙圖像，那是因為作為眾神作品的這個世界是神聖的。而且，
聖殿的宇宙性結構，賦予了空間新的宗教價值；聖殿作為眾神的
房子，是高於其他地方之上的聖地，它持續地聖化這世界，因為
它同時是這世界，也維護著這世界。根據上述的分析，**正是透過
聖殿的效力，才得使這世界的任何部分都能一再地被聖化**。無論
這世界可能變得如何不潔，這世界仍持續被聖殿的神聖所潔淨。

　　另一個觀點，乃源自於愈來愈被接受的**宇宙及其聖化的圖像**
（即聖殿）之間，在本體上的差異。聖殿的神聖性，具有對抗所

有俗世敗壞的能力，而此觀念乃建基於下列事實的效力：聖殿的
建築規劃乃是眾神的作品，也因而存在於靠近眾神所在的天堂
中。聖殿的超越性模式，享有一個靈性的、不變質的、神聖的存
在模式。透過眾神的恩寵，人對這些模式獲得驚歎的神視，進而
將這些模式複製在這地上。巴比倫王古地亞（Gudea）[74] 曾在夢
中看到女神尼達巴（Nidaba）[75] 向他顯現一本薄冊，上面寫著各
種吉祥之星的名稱，並有一神向他顯現聖殿的平面圖。[76] 辛那赫
里布（Sennacherib）[77] 建造尼尼微城，便是根據「最古老以前，
諸天的形狀所建立的計劃」而建的。這不僅意味著天體的幾何圖
形，使得人間最初的建築成為可能；而且更重要的是，因為這個
建築模式是屬天的，所以它們可以分享到天的神聖性。

　　對以色列民族而言，神聖帳幕的模式、所有神聖器物的模
式，以及聖殿本身，都是雅威所造，是雅威將這一切顯示給他的
選民，以便複製在這地上的。因而雅威對梅瑟（摩西）說：「他
們要為我建造一座聖所，好讓我住在他們中間。我現今指示你
作帳棚和其中一切器皿的式樣，要完全按照式樣去製造。」[78] 並
且說：「要留神按照在山上指示給的式樣去做。」[79] 當達味（大

60

74　校註：古地亞（Gudea），統治期間公元前 2144 - 2124 年。
75　校註：尼達巴（Nidaba），古代兩河流域的農業女神。
76　原註：Cf. Eliade, *Myth*, pp.7~8.
77　譯註：辛那赫里布（Sennacherib, 705-681 B.C.），或稱西拿基立、散乃黑黎布，
　　亞述帝國的國王，西元前 705 - 681 年。
78　《聖經・出谷紀》（出埃及記），25：8-9。
79　同上，25：40。

衛）交予他兒子撒羅滿（所羅門）建造聖殿、帳幕，以及所有聖器的設計圖樣時，他向撒羅滿擔保，「這一切，即一切工作的圖樣，都按照上主的指示劃了出來。」[80] 因此，他必然看見了雅威在創世之初所建造的天的模式。這就是撒羅滿所說的：「你曾命我在你的聖山上建造聖殿，在你居住的城邑內修築祭壇，仿造你起初所備置的聖幕的式樣。」[81]

61　　天上的耶路撒冷如同天堂，為神同時所建造。地上的耶路撒冷城，不過是模擬超越模式的複製品，它可能被人所玷汙，然而此模式卻是不可朽壞的，因為它不受時間所影響。

　　　　現在在你們當中所住的建築，並非我所啟示給你們的，我所啟示的建築早在時間開始之前、當我付諸計劃建造天堂時，就已預備好，而且在亞當犯罪之前已顯示給他看了。[82]

　　基督宗教的大教堂以及後來的主教座堂，都接受並持續保有這一切的象徵。一方面，教堂是仿效天上的耶路撒冷而建的，甚至從最早的基督教時代就已經開始了；另一方面，教堂亦是天堂或天上世界的再造。而且，神聖建築的宇宙論結構，至今仍持續

80　《聖經・編年紀上》（歷代志上），28：19。
81　《撒羅滿智慧書》，9：8。
82　原註：《巴路克二書》，4：3-7。參閱：R. H. Charles, ed., *The Apocrypha and Pseudepigrapha of the Old Testament in English*, Oxford, 1913, Vol. II, p.482.

保存在信仰基督宗教地區的思想中，例如拜占庭教堂就很明顯。

　　教堂內部的四個部分，象徵著四個主要的方向。教
堂內部就是宇宙。位於東方的祭台是天堂。向著祭台
的大門，也可稱為「天堂之門」。在聖週（復活節週
期）期間，面向祭台的大門在整個禮儀期間都持續地開
著；這個禮俗的意義，清楚地表明於《復活節禮典》
中：「基督從死亡中復活，並打開天堂之門，走向我
們」。相反地，西方便是黑暗、悲傷、死亡的領域，是
等待肉身復活和最後審判的亡者，永遠居住的地方。
建築的中央，就是這世界。根據科斯瑪斯（Kosmas
Indikopleustes）[83] 的觀點，這個世界是長方形的，而且
被四面牆所圍住，這四面牆之上則由一圓頂所覆蓋。教
堂內部的四個部分，便象徵著這四個主要的方向。[84]

62

小結

　　從眾多宗教歷史學家所提供數以千計的例子中，我們只舉了
一小部分的例子，但已足夠指出各種對空間之宗教經驗的多樣

83　校註：科斯瑪斯（Kosmas Indikopleustes），六世紀的旅行商人，晚年在埃及亞
　　歷山卓成為修士，著有《基督宗教世界地圖》一書，包含最古老的世界地圖。

84　原註：Hans Sedlmayr, *Die Entstehung der Kathedrale*, Zurich, 1950, p.119.

性。我們在不同文化、不同時代中所舉的這些例子，乃是為了至少能呈現出這些建基於神聖空間之經驗中，最重要的神話性建築結構和儀式的情節。在歷史的進程中，宗教人對此相同而根本的經驗，賦予了不同的價值。我們只須比較一下神聖空間（及宇宙）的概念，辨別一下澳洲阿奇帕民族，與瓜基烏圖民族、阿爾泰（Altaic）民族或美索不達米亞人等對神聖空間的概念，就可以完全瞭解他們之間的不同。在此，我們無須詳述下列這個自明的道理：人類的宗教生活，是在歷史中實現的，它的表達方式難免會受制於不同的歷史階段和文化型態。但我們的目的，並不是要無限地指出各種有關空間之宗教經驗的型態，相反地，我們的目的是要指出它們之間一致的要素。只要指出非宗教人對所居住之空間的態度，以及宗教人對神聖空間的態度，兩者之間明顯的對立，就足以釐清它們在結構上的不同。

如果需要為這一章前面所陳述的下個總結，那麼我們可以說：神聖空間的經驗，使得「世界的建立」成為可能，神聖者在這空間中，顯示自己，真實地將自己揭露，使得這世界得以進入存在。然而，神聖進入這世界，並不只是將一個「定點」投射到模糊而無形式的凡俗空間，或者將一個「中心」投射到混沌中而已；它還在宇宙面中形成一個突破點（a break），因而開啟了宇宙不同層面之間（即地與天之間）的聯繫，而且使一種存在模式在本體上進入另一種存在模式的通道成為可能。這種在凡俗空間不同性質中形成的突破，創造了「中心」，透過中心，得與另一世界的共融交往被建立起來，而結果，便是建立了這世界，因為

中心指引出「定向」是可能的。所以，神聖在空間中的顯現，具
有一個宇宙論的效應；每一種空間中的聖顯，或空間的祝聖，都
相當於一種宇宙創生。為此，我們要描述的第一個結論便是：**這
個世界成為我們所能理解的世界、所能理解的宇宙，某個程度上
是因為在其中，它顯示自身為一個神聖的世界。**

　　每一個世界都是眾神的作品，因為它們若非直接由眾神所
造，就是由眾神所祝聖，經由人類儀式性地再現創世時的典範活
動，而形成宇宙。我們幾乎可以說：宗教人只能活在神聖世界
中，因為只有在這樣的世界中，他才參與存在，也才擁有一個
「真實的存在」。此種宗教性需求，表達出一種難以抑制的存
在的渴望。宗教人渴望存在。他對於環繞著他居住世界之混沌的
恐懼，就相當於他對虛無的恐懼一樣。對宗教人來說，除了他所
在的世界之外，未知空間的擴散，例如因為未受祝聖而未宇宙化
的空間，或一個毫無形式的範圍，尚未指出其定向來，因而也
沒有結構被建立起來，這樣的凡俗空間呈現出一種絕對的虛無
（nonbeing）。假如他不幸迷失於此，他會對自己存在的本質感
到空虛，就好像他消失於混沌中，終至死亡。

　　這種對存在的渴望，表現在很多方式中。在我們現在所思考
神聖空間的領域中，它最醒目的呈現，就是宗教人將自己安置在
此領域之核心、位於世界中央的意志。確切地說，在這裡，宇宙
進入存在，並向四方伸展開來；在這裡，人與眾神的共融交往成
為可能；簡言之，在這裡，人最接近眾神。我們已經明瞭，中心
的象徵不只是國家、城市、聖殿、宮殿等的形成原則；也是最簡

64

65

陋的人類住所、游牧狩獵者的帳篷、牧羊人的蒙古包，或者不能任意遷移之農人的房子等等的形成原則。幾乎可以說，每一個宗教人都把自己安置在世界的中心，而且經由同樣的象徵，安置在絕對真實的源頭上，盡可能地接近得以確保與眾神共融交往的開啟點上。

因為定居於某處、住在一空間中，都相當於重複宇宙的創生，同時也是模仿眾神的作品，所以對宗教人而言，每一次將自己安置於空間中的存在性決定，實際上都構成了一個宗教性決定。因著承擔起他所居住這世界的創造之責，他不僅將混沌給宇宙化了，而且因著仿效眾神的世界，他也祝聖了自己的小宇宙。宗教人深深的鄉愁，就是渴望住在「神聖的世界」；他渴望他的房子就好像眾神的房子，一如後來所建的聖殿和聖所一樣。簡言之，**宗教人的鄉愁，就是渴望住在一個純淨而神聖的宇宙中，如同在創始之初，剛剛由創世者之手創造出來的宇宙裡。**

神聖時間的經驗，將可使宗教人定期性地經驗到宇宙在創世時的祕思性時刻，成為可能。

第二章

・

神聖時間與祕思 [1]

---

1 譯註：對應英文的 myth 翻譯上將配合上下文的內容，在廣義指稱奧祕性思維時，以「祕思」譯之；在具有故事體裁內容之處，則譯為「神話故事」；在不易區分二者之處，則以「祕思（神話）」方式並列；以更確切呈現原文涵義（請參考第一章註 63 之說明）。

凡俗期間與神聖時間

68

　　對宗教人而言，時間與空間一樣，既非同質，也非連貫。一方面，時間中有所謂神聖時間的時段，即節慶的時間（顯然大部分的節慶時間是定期的）；另一方面，凡俗時間，即日常生活中無宗教意義活動的期間，亦有其存在的價值。雖然這兩種時間不同質、不連貫，但當然也有使二者連貫起來的解決方法：即藉由儀式，宗教人得以安全地由凡俗期間，過渡到神聖時刻。

　　這兩種時間有一本質上的不同，直接衝擊著我們，亦即：**神聖時間，本質上是可逆轉的**。在我們可以理解的範圍內，更適當地說，**它是原初的祕思性時間，於此時此刻再度臨現**。每一個宗

69

教節慶、所有禮儀中的時刻，都是將發生於過去的神聖事件，亦即「在起初」（in the beginning）所發生的祕思性過去，再次實現於當下。藉著節慶中的宗教性參與，使得參與者由凡俗期間中突顯出來，並且又一次地完成了祕思性時間的再度實現。因此，神聖時間可以無限地重複、無限地循環。由此觀點來看，神聖時間可謂永遠不會「過去」（pass），它不建構一個不可逆轉的期間。因此，神聖時間是本體性的、永恆性的時間（an ontological, Pardeminidean time），它既不改變，也不耗盡。藉著每次定期的節慶，參與者經驗到相同的神聖時間，可能是去年節慶時所顯示的，也可能是世紀之初的節慶時間發生的；這神聖時間是藉由諸神在世界的孕育造化及作為（gesta）之時所創造及祝聖的；

70

也正因如此，節慶再次實現了此神聖時間。換言之，參與者在節

慶中，遇到了第一次神聖時間的顯現，它顯示出了「在最原初的彼時」（ab originem, in illo tempore）。因為節慶的運作，乃在紀念諸神在時間之初時的孕育造化；然而，在諸神孕育造化之前，神聖時間的內容尚不存在。諸神在建構今日世界上各種實體的存在時，也同時建構了神聖時間，因為在創造的同時，此神聖時間必須被諸神的臨在與活動所祝聖。

因此，宗教人活在聖與俗的兩種時間裡，其中活在神聖的時間裡更為重要，這神聖時間的出現，在循環時間的觀念下顯得吊詭的，亦即，它是可逆轉和反覆的時間，是一種永恆奧祕的現在。換言之，藉著禮儀，它可定期重建。這種對於時間的態度，已足以區分宗教人和非宗教人：前者，用現代的話來說，拒絕僅活在所謂的歷史中的現在，他們企圖去獲得神聖時間，從某個觀點來看，可以和永恆的時間相對應。

時間，對於當代社會的非宗教人來說，很難用幾句話便說清楚講明白。我們在此的研究調查，並不想去探討當代的時間哲學，也不使用現代的科學概念。我們的目的，不是在系統上或哲學上做對照，而是要比較存在的態度和行為。為此，更重要的是去觀察，重點在於，要留意到一個非宗教人其實也體驗了某種時間的不連貫性和異質性。對他們來說，時間也可以劃分為兩類：工作中的單調時間，以及盛大慶祝的時間，簡言之就是慶節時間（festal time）。非宗教人也活在各種不同於凡俗的節奏中，並能體會到不同時間的強度。當他聆聽喜歡的音樂，或陷入愛情、等待情人或遇見愛人時，會明顯地體驗到此時的時間，與他在工

71

99

作或無聊時的普通時間，其節奏是不同的。

　　然而，相較之下，宗教人與非宗教人之間，確實有著一個根本的不同，就是宗教人能夠體驗到屬於神聖的**時區**（intervals of time）。這**神聖時區**，並不屬於在它之前或之後的**凡俗時區**的一部分，兩者之間有著全然不同的結構和根源，因為**神聖時區**乃是一種**原初時間**（a primordial time），是藉著神及在慶節中的顯現而被祝聖的。這個禮儀時間超越人性的性質（transhuman quality），對非宗教人而言是難以理解的。可以這麼說，對非宗教人來說，時間可以是現在，既非斷裂，也不神祕，對他們來說，時間構成了人們最深的存在幅度，它連接了所有的生活，因此，時間有開始、有結束（死亡的時間），他的生命是會消失的。然而，不論經歷了多少凡俗性節奏，也不論感受到多大的不同強度，非宗教人總認為這樣的節奏和強度，只是呈現人的經驗，而不留任何的空間承認神在其中的臨現。

　　對宗教人而言，則全然相反，**凡俗時區**可以周期性地被打斷，因為某些儀式能夠中斷凡俗時區，進入非歷史性的**神聖時區**，也就是進入不屬於歷史性現在的**神聖時間**中。正如教堂在現代城市的凡俗空間中，構成了一個平面上的突破點（break）；在教堂之內舉行慶典儀式，也標示出了凡俗期間中的一道突破點。這個時刻，不再是今天歷史上的現在（如在教堂外之鄰近街道上所經驗到的時間），而是耶穌基督在歷史上真實存在的時刻，這時刻，曾因著他的宣講使命而被祝聖，也是因著他的苦難、死亡與復活而被祝聖的時刻。

　　然而，這個例子尚未顯示出聖與俗兩種時間觀的不同，我們還必須指出，基督宗教徹底地改變了禮儀時間中的經驗與概念，而且，這是源自基督徒確信耶穌基督此人在歷史上的事實。基督宗教的禮儀，在天主子降生成人所祝聖的歷史性時間中展開。這個神聖時間在基督宗教之前（尤其是古代宗教），被周期性地重現出來，它是**祕思性的時間**（mythical time），亦即「原初時間」；它非由歷史性的過去所發現，卻是「**起源的時間**」（original time）。據此觀點，神聖時間進入存在，是一次而永遠的；它非由另一種時間所展開，因為沒有任何時間得在神話中所敘述的真實性之前就存在。

　　古代人對祕思性時間的認知概念，關係到本章最重要的部分。接下來，我們便進一步來看，在猶太教與基督宗教之間，所持的概念是何等不同。

聖殿與時間

73

　　我們即將展開我們的研究工作，即直接呈現宗教人有關時間的行為，這樣做會伴隨一些好處，進而幫助呈現一些可靠的事實。首先，很多北美印地安語言中的研究工作是相當重要的，在他們的語言中，「世界」（world, cosmos）也同樣被使用在

「年」的意義上。約庫茨族[2]的人說「世界過去了」，其實是說「過了一年」。對育基族[3]人來說，他們的「年」便是使用「世界」（earth, world）來表達的。如同約庫茨族的人說過了一年便說「世界過去了」一樣，這個詞彙顯示出世界與宇宙時間之間緊密的宗教關係背景。宇宙蘊含著有如生命般的整體，同樣會有出生、發展，以及年終之日的死亡，而後，在新的一年的第一天再生。我們將明瞭，這個再生也就是誕生，宇宙每一年重新再生，因為每逢新年，時間就從這個原初點重新開始（time begins ab initio）。

宇宙與時間之間的緊密關連，本質上是宗教性的：宇宙能相應於宇宙時間（就是「年」），因為二者皆是神聖的實體，是神性的創造物。在一些北美民族中，宇宙時間甚至可在神聖建築物的結構中顯示出來。因為廟宇呈現出世界的圖像，所以廟宇也包含了時間的象徵。譬如，我們發現在阿耳岡族和蘇族中就是如此。如我們所知，他們的神聖洞穴，便呈現出宇宙的樣子來；而且同時，它也象徵「年」。因為「年」被想成是一趟穿越四個主要方向的旅程，這四個主要方向，便是顯示在洞穴裡的四個門和四個窗戶上。達科他族[4]的人說：「**年，就是圍繞著世**

2　校註：約庫茨族（Yokuts），又稱 Mariposan，北美印地安原住民的一族，原居地為加州中部河谷地區。

3　校註：育基族（Yuki），又稱 Yukiah，北美印地安原住民的一族，原居地分布於加州北部地區。

4　譯註：達科他族（Dakotas），居住在美國北部（北達科他州及南達科他州）及加拿大南部的印第安人。

界的圓」，換言之，圍繞著他們的神聖洞穴的，就是**世界之像**（imago mundi）。[5]

　　還有一個更為清晰的例子是在印度。我們看到祭壇的建築，便等於是宇宙創生（cosmogony）的重複。文獻中還加上「祝融祭壇就是年」，並解釋它的時間體系如下：三百六十個圍繞的磚塊，對應於一年中的三百六十個夜晚；而三百六十個雅祖斯馬提磚[6]，則對應於三百六十個白日（參《百道梵書》〔*Shatapatha*, X, 5, 4, 10; etc.〕）。差不多可以說，每個祝融祭壇的建築，不只是世界的重建，也是「年」的建造。換句話說，**時間藉由每次更新的創造而重獲新生**。而且同樣地，「年」在生主[7]中的瞭解，就是宇宙之神，而其結果，是每一個在生主的新祭壇都被活化了，這也意謂著，世界的神聖性被鞏固了。這不只是凡俗時間，或僅僅是塵世期間的事物而已，卻是宇宙時間的祭獻。祝融祭壇所要尋求的，是要聖化這個世界，所以把此祝融祭壇安置在神聖時間中。

　　我們在耶路撒冷聖殿的宇宙象徵的一部分中，發現一個類似時間的象徵。根據猶太史學家約瑟夫斯（若瑟夫）（《猶太人古史》〔*Ant. Jud.*, III, 7, 7〕）的記載，桌上的十二塊麵包，便意味著一年的十二個月，而帶有七十根分枝的燭台，便是黃道區間

75

5　原註：Werner Müller, *Die blaue Hütte*, Wiesbaden, 1954, p.133.

6　校註：雅祖斯馬提（yajusmati），梵文原意為「事物」。

7　校註：生主（Prajapati），印度教的造化眾生之神，有時則與梵天（Brahma）視為同一位神祇。

（decans，即黃道帶上，由七個行星變成數十個的分隔地帶）的呈現。在耶路撒冷，這個聖殿便是**世界之像**；居於世界的中心，它不只聖化了整個宇宙，也聖化了宇宙的生命，也就是時間。

烏塞納（Hermann Usener, 1834 - 1905）首度以語源學的關係來解說 templum（聖殿）與 tempus（時間）二字，他從這兩字（Schneidung, Kreuzung）[8] 的「交叉點」概念，來解釋兩者間的差異。而後來的一些研究，可以確切地說：「templum 特指存在於空間的，tempus 則特指時間方面，是時空領域中的運轉。」[9]

所有這些事實背後的重要意義，大致可表明如下：對古代文化的宗教人而言，**世界每年一度地被更新；換言之，每逢新年，世界就再度回復它原來的神聖性**，亦即出自創造者之手那時刻的神聖性。這個象徵，可由聖殿的建築結構很清楚地標示出來。因為聖殿同時是最卓越的神聖之地，也是世界的肖像，它聖化了整個宇宙，也聖化了宇宙的生命。這個宇宙生命被認為是一循環過程的形式；與「年」一致。「年」是一個封閉的圓，有其開始和結束；並且，它還有一個特質——在新年的形式中再生。因而每個新年，便是「新的」、「純淨」而不未受汙染的、「神聖」的時間，時間在此時進入了存在。

然而，時間的再生、重新開始，是因為每逢新年，世界的受造便再次被更新。本書第一章已提及，宇宙創生神話是每一種創造與建築的典範模式，我們應留意此重要性。現在我們還要加上

8　原註：Hermann Usener, *Götternamen*, 2nd. ed., Bonn, 1920, pp.191 ff.

9　原註：Werner Müller, *Kreis und Kreuz*, Berlin, 1938, p.39; cf. also pp.33 ff.

一點：宇宙創生以同樣的方法，應用在時間的創造上。雖然也不盡全然相同。正因為宇宙創生是宇宙中所有創造物的原型，也因宇宙創生帶來了宇宙的時間；因而宇宙時間便是其他所有時間的典範模式；換言之，其他時間是各種存在事物受造時才存在的時間，而宇宙時間則是所有其他時間的典範。更進一步地解釋：對古代文化的宗教人而言，任何存在的受造物皆始自時間；**在一物存在之前，屬於此物的時間並不存在**。宇宙存在之前，亦無宇宙時間。植物受造之前，使它得以成長、結實、死亡的時間亦不存在。基於這個因素，每一種受造物，基本上，皆是發生在**時間的開端**。時間隨著第一個新存在物的出現而一併出現。這也就是為什麼祕思（或神話）之所以扮演如此重要角色的原因，下面我們將會看到，任何實體進入存在的方式，便是以它的神話故事顯示出來。

創造的每年重複

宇宙創生的神話故事告訴我們宇宙是如何進入存在的。巴比倫在每年即將結束的最後幾天及新年的前幾天，所舉行新年祭（akitū）儀式的過程中，會莊嚴隆重地誦讀《創世詩篇》[10]。在

---

10 校註：《創世詩篇》（*Enuma elish*），巴比倫的創世史詩，以阿卡德語楔形文字書寫於泥板，篇名取自史詩起首句，譯為「當在最高之處時」。該史詩由英國考古團隊於 1848 年至 1876 年在尼尼微亞述巴尼拔圖書館的遺址（今之伊拉克摩蘇

此儀式中的誦讀，再度實現了馬杜克神與海怪提阿馬特之間的戰役，也就是發生在原初（ab origine）之時，並在神的最後勝利中結束了混沌。馬杜克神以海怪提阿馬特肢解的身體來創造世界，並以惡魔金谷（Kingu，海怪提阿馬特的主要擁護者）的血，創造了人。對此創造的紀念，事實上就是再度實現宇宙創生時所發生之事，而在紀念的儀式中，同時顯示於儀節行動及固定的誦讀兩方面上。

所以，馬杜克神與海怪提阿馬特之間的戰役，便被兩組演員之間的戰役所模仿；像這樣的儀式，我們在西臺人（希泰族）（Hittites，同樣以一幕生動活潑的劇情來演出新年）周遭、埃及人周遭，以及拉斯·夏姆拉 [11] 也可以發現到。這兩組演員之間的戰役，**重複著創世時由混沌到宇宙的過渡**，實現了宇宙創生神話故事的情節。這祕思性的事件，再次**臨現於此時**。司祭宣告著：「但願他持續地征服海怪提阿馬特，縮短他的年限。」這戰役、得勝者，以及創造的工程，便是既發生在**遙遠的彼時**（at that instant），也發生於**此時此地**（hic et nunc）。

既然新年是宇宙創生的再次實現，因而也就是時間重新開始的起動；換言之，這一刻也恢復了原初時間、「純淨」（未受汙染）的時間，亦即存在於創造時的那一刻。這也就是為什麼新年

78

爾）發現，其版本年代可追溯至公元前七世紀。

11 校註：拉斯·夏姆拉（Ras Shamra，編按：或譯拉斯沙馬拉），北敘利亞沿地中海岸城市，舊名烏加特（Ugarit），為古代的國際港都，1928–29、1958 年間該地陸續挖掘出大量的楔形文字文獻，所書寫的語言前所未見，語言學家將之歸類為西北閃語系的分支，特稱為烏加里特文。

是齋戒淨身的時機，使各種罪惡、魔鬼，或僅僅是一隻代罪羔羊予以驅逐的時機。因為這不僅如同現代人所認為的，只是一段凡俗時間的結束，另一段時間開始的一個間隔而已；它同時還是一段廢除過去一年與時間的事實。的確，這就是儀式性齋戒淨身的意義；甚且，還有比齋戒淨身更大的意涵，所有個人及整個團體的罪惡、錯誤，都得以消除，都如火一般被燒毀了。

波斯人（伊朗人，Persian）的新年 —— 納吾肉孜節（Nawrōz，校按：又譯諾魯茲節、諾魯孜節）便是在慶祝這個見證世界與人受造的日子。創造的更新，是在納吾肉孜節這個日子所完成的，一如阿拉伯的歷史學者比魯尼[12]所表示的。國王宣告：「現在是新年、新月的一個新日子；被耗損的時間將獲更新。」時間耗損了人類、社會、宇宙，而此毀滅的時間乃是凡俗的時間，或更精確地說，是塵世期間；它必須被廢除，以重整世界開始存在時的那一祕思性時刻，並使時間籠罩於「純淨」（未受汙染）而「強烈」及神聖的時間中。過去的凡俗時間得以廢除，乃由一種標示著「世界終了」的儀式所完成。火的撲滅、亡靈的回復、祭神節日的狂歡、情色、狂飲的放縱等社會性的混亂等等，象徵著由宇宙退化回混沌。在一年的最後幾天，宇宙被溶解入原初的大水（混沌）中。海怪提阿馬特——象徵黑暗、混沌、無形——復活了，而且再次地威脅到人類。這個世界在足足存在了一整年之後，**真正地**消失了。因為海怪提阿馬特再度出

79

12　校註：比魯尼（al-Birūnī, 973 - 1050），波斯裔科學家、歷史學家，但其傳世之作大多以阿拉伯文書寫。

現，宇宙被消滅；而馬杜克神也再次被賦予征服海怪提阿馬特後再造世界的使命。[13]

世界周期性地退化回混沌狀態的意義，便是使這一年的所有「罪惡」，所有被時間汙染及耗損下的每一件事物，都會在這句話的具體意義下被消除了。藉著象徵性地參與世界的毀滅與再造，人也重新受造；人重生，並重獲一個新的生命。每逢新年，人會感到更自由、更潔淨，因為人從罪惡與沉淪的重擔中被拯救出來。人重新整合了創造的祕思性時間，即神聖而強烈的時間——它是神聖的，因為諸神的臨在而得以轉化；它是強烈的，因為它是屬於、而且只屬於那曾發生的最驚人的創造，也就是宇宙。象徵性地，人與宇宙的創生同時發生，人在宇宙創造時也在場。在古代的近東，人甚至真實地參與了這樣的創造。

我們可以輕易地明瞭到，何以這個神祕時間的記憶會糾纏著宗教人，以及何以宗教人會定期性地尋求回歸於它。**在彼時**（in illo tempore），諸神彰顯了他們偉大的力量。**宇宙的創生，便是這至高至大的聖顯**，是力量、豐盈、創造力的典範行動。宗教人渴望真實。人總是想盡辦法要活在最元始真實的根源裡，當世界處於新生的狀態（in statu nascendi）時。

13　原註：For New Year rituals, cf. *Myth*, pp.55 ff.

透過回歸最初的時間再生

　　以上所陳述的，還須在詳細的研究中證實，但在此，我們僅將關注的焦點放在兩個特質上：（1）透過每年宇宙創生的重複，時間得以再生，換言之，時間再度成為神聖時間，因它與世界首度存在的「那時刻」（illud tempus）是一致的；（2）在每年世界即將結束及重建之時，藉由儀式性的參與，任何人皆可與「那時刻」同時存在；因此，人也重生而更新了，保留了完整的生命力，重新開始一段新生命，如同自己出生的那一刻一樣。

　　這些事實相當重要，它們顯示出宗教人對於時間之舉止、態度的奧祕。基於**起源的時刻**是神聖而強烈的時間，在此最奇妙、驚人的瞬間，最偉大的實體——世界——被創造出來了，第一次被完全地彰顯出來，所以，人也將定期地尋求回歸到此起源的時刻。這種儀式性地再實現宇宙創生的「那時刻」——即實體存在的第一次顯現（epiphany）——也就是所有神聖日曆的基礎；節慶不僅僅是紀念這個祕思性（因而亦是宗教性）的事件，同時也再度實現了此事件。

　　這個至上的起源時刻，是宇宙創生的時刻，在此瞬間，可以看到最偉大的實體——世界——出現了。如我們在第一章所見的，這就是宇宙創生成為所有受造物及作為之典範模式的原因。同樣地，宇宙創生的時刻，也成了所有神聖時間的典範模式；如果神聖時間是諸神顯現自身及創造的時間，那麼顯然地，最完美的聖顯（divine manifestation）及最驚人的創造就是世界的創造。

81

於是，宗教人再度實現了宇宙創生，不只在他所創造的某物上（例如他所居住的「自己的世界」，或是城市、房子等等），還有當他想要確保自己在一個新的國家中，幸運地握有統治權時，或拯救那些受到威脅的農作物，或在戰爭、在航海時所遭遇的情況，等等。然而，最重要的是，在儀式中誦讀宇宙創生的神話故事，對於人類的渴求再生，在醫療上也扮演著相當重要的角色。在斐濟群島 [14]，一個新統治者的就職典禮，便被稱之為世界的創造，而且相同的典禮，也在拯救受威脅之農作物上重複。然而，玻里尼西亞群島 [15]，或許是將宇宙創生的神話故事運用得最廣的。Io 這個字，在說明世界受造的「彼時」（in illo tempore），已成了各種固定的儀式。他們在很多場合下重複它們——使不孕的子宮受孕、身心不適的人得以醫治、籌備戰事，還有，在死亡以及刺激文學靈感時的場合，都會重複 [16]。

因此，宇宙創生神話故事對玻里尼西亞人來說，便成了所有創造物的原型模式，無論各種層面——生理的、心理的、靈性的——皆是。除此之外，基於儀式性地誦讀宇宙創生神話故事，使得原初事件再次臨現，時間便隨著人誦讀時，神奇地投射到那時刻，而進入「世界的開端」；而他也成為與宇宙創生同時間的人。簡短地說，其間所包含的，便是回歸原始時間及象徵性地重生，使生命再度開始而達到治療的目的。從事這些治病性儀式的

---

14 譯註：斐濟（Fiji），在南太平洋上。

15 譯註：玻里尼西亞（Polynesia），在大洋洲東部。

16 原註：Cf. the bibliographical reference in *Myth*, pp.82 ff. and in *Patterns*, p.410.

觀念，大概可以說明如下：生命不能被修復，而只能夠透過象徵性地重複宇宙創生，重新再造，因為，正如前述所言，宇宙創生是所有創造的典範模式。

此回歸到起源時間的再生作用，如果我們對古代的治療方法進行一細密考察的話，會發現這個作用至今仍然很清晰，譬如住在中國西南方（雲南省）的西藏緬甸民族（藏緬語族）納西族（Na-khi）就是這樣。治療性的儀式適度地包含在創世神話故事的儀式性重述中，接著是蛇受到神譴而帶來的疾病，以及第一個巫醫帶來人類所需藥物的神話故事。

幾乎所有的儀式都包含了世界尚未建造時的祕思性起源，即祕思性的宇宙生成時刻：包括「起初，在尚未有天、日、月、星辰、行星，及陸地都尚未出現時，還沒有任何事物露出時」等。而後，宇宙創生以及蛇的出現：「於其時，天露出來了，日、月、星辰、行星，及陸地都伸展了出來；當高山、溪谷、樹木、岩石都顯露出來；……於其時，惡魔（Nāgas）與巨獸也顯露出來了……」等等。第一個醫生的誕生，以及各種藥物的出現，都一一被描述了出來。此後，我們可以說：「除非是關係到它的起源，否則人不會論及於它。」[17]

這個重要的事實——關係到法術般的治療性頌歌——即是混合了宇宙創生神話被應用於醫藥起源的神話。眾所周知，所有原始人與傳統的治療方式，唯有在病人面前將它的起源以儀式性的

17　原註：J. F. Rock, *The Na-khi Naga Cult and Related Ceremonies*, Rome, 1952, vol. II, pp.279 ff.

重述出來，才具有醫治的療效。近東與歐洲有很多治病的咒語，便包含了該疾病或引發此疾病之惡魔的歷史；同時，他們還會喚醒神或聖人成功地征服此疾病的那一祕思性時刻。而且我們認為，這個起源的神話故事，必然是複製宇宙創生的神話故事，因為後者是一切起源的典範模式。

此外，這也是為什麼在治療性的咒語中，通常起源的神話故事會以宇宙創生神話故事作為開場，或甚至於併入宇宙創生的神話故事中。亞述人有個對抗牙痛的咒語，重述著：「在阿努[18]創造了諸天之後，諸天創造了土地，土地創造了河川，河川創造了溝渠，溝渠創造了池塘，池溏創造了蟲。」後來，蟲便去向夏瑪須[19]和伊亞[20]哭訴，並索求他們有什麼食物可供蟲吃及殺害。神於是將水果提供給蟲，但蟲卻向二神索求人類的牙齒。「既然汝如此說，噢，蟲，但願伊亞用他大能的手擊碎汝！」[21]此處呈現出：（1）世界的創造；（2）蟲與疾病的誕生；（3）醫療的原初與典型態度。此咒語在治療上的有效性，在於儀式性地宣告的事實，既同時是世界的起源，也是牙痛與其治療的起源。

---

18 校註：阿努（Anu），古代兩河流域神話的天空之神，也是眾神之父。

19 校註：夏瑪須（Shamash），古代兩河流域神話的太陽神、執掌審判與正義之神。

20 校註：伊亞（Ea，或 Enki），古代兩河流域神話的水神、知識與工匠之神。

21 原註：Campbell Thompson, *Assyrian Medical Texts*, London, 1932, p.59. Cf. also Eliade, "Kosmogonische Mythen und magische Heilungen," *Paideuma*, 1956, pp.194~204.

節慶時間與各種節慶的結構

實體的起源時間──亦即實體第一次出現時所開創的時間──具有其典範的價值與功能；這也就是為什麼人要藉由適當的儀式，定期地尋求再度實現它。一個實體的「第一次出現」，便等同於它受造於神或半神；因此，回復這**起源的時刻**，便意味著儀式性地重複諸神的創造行動。定期性地再度實現神在彼時所執行的創造性行動，建構了神聖的日曆，即一系列的節慶。節慶，總是發生在起源的時刻。正因如此，人在節慶期間的行為，便是重新整合了起源與神聖時間，而與這段期間之前或之後的行為有所差別。縱然在很多案例中，節慶期間所做的，仍如非節慶時間的活動一樣。但宗教人相信，他活在「另一種」時間中，成功地回歸到祕思性的「那時刻」。

澳洲的阿蘭達人，在他們一年一度的圖騰儀式，即因提邱瑪儀式 [22] 期間，重複著這趟旅程，即藉由特定的部落的祖靈在祕思性時刻（alcheringa，其實就是夢想出神的時間）中，重複所發生的這趟旅程。他們停止一切祖先曾在無數處所停止過的事，並且重複一切祖先在彼時所執行的動作和儀態。在整個儀式期間，他們齋戒、不帶武器，並避免與女人或其他部落成員接觸。他們完全地沉浸在夢想出神的時間中。[23]

86

---

22 校註：因提邱瑪（Intichiuma）儀式，與該部落圖騰動物或植物合一的儀式。

23 原註：F. J. Gillen, *The Native Tribes of Central Australia*, 2nd ed., London, 1938, pp.170 ff.

在玻里尼西亞的一個島嶼，蒂科皮亞島 [24] 上，人們在一年一度的節日慶典中，仿照「諸神的工作」——即諸神在祕思性時刻塑造世界時所做的行動，正如同今日這些人所做的行動。[25] 生活在這段慶典期間中的蒂科皮亞人有一些特色禁忌：如禁止大聲叫喊、遊戲、跳舞等。從凡俗到神聖的通道，乃是經由儀式性地將木頭劈開成兩塊而標示出來。定期性節日由眾多的慶典所組成——同樣地，只是重述諸神的典範行為——而它們似乎並未從日常活動中區分開來，它們包含了儀式性地修補船隻、與農作物（如馬鈴薯、芋頭等）相關的儀式、修補神聖處所等等。但實際上，這些慶典活動只在某些特定的對象上被執行（某種程度，此類活動便構成了它們個別階級的原型），據此事實，加上因為儀式是發生在被神聖所滲透的氛圍中，因而所有的儀式活動皆不同於工人在日常時間所執行的工作。換言之，這些原住民是刻意要去仿效諸神在彼時所執行的典範性活動，甚至是最細節的活動。

至此好像在說，宗教人多多少少在某種範圍內，定期性地成為與諸神同一時期，並在此使他再度實現了神完成工作時的原初時間。在原始文明的層面上來說，不管人類做什麼，都有一種超越人類的模式；因此，即使在節慶時間之外，人的活動與態度，亦是仿效諸神及神話祖先所建立的典範模式。然而，這仿效很可能愈來愈不準確了；這模式也很可能被扭曲，甚至遺忘。而

---

24 校註：蒂科皮亞島（Tikopia），太平洋西南部的火山島，現隸屬於索羅門群島國。

25 原註：Cf. Raymond Firth, *The Work of the Gods in Tikopia*, I, London, 1940.

恢復人類對各種模式之神聖性的認知，便是定期地再實現神的行動——簡而言之，就是宗教性的節慶。

儀式性地修復船隻，以及儀式性地栽種農作物，與神聖期間之外所執行的工作，不再具有相同的作用。從某方面來說，它們可能更精確，更接近神的模式；但從另一方面來說，它們是儀式性的，也就是說，它們的意向是宗教性的。一艘船被儀式性地修補，並非因為它有修補的需要，而是因為在彼時，諸神顯示給人應如何修補船隻。這並不是一個經驗性的運作，而是一個模仿神（imitatio dei）的宗教性行動。這個被修補的物體，不再是構成了這類船隻之眾多物體中的一個，而是一個祕思性的原型——**正是這艘船，即是諸神在彼時所製造的船隻**。因此在儀式性修補船隻的時間，便是執行於原初時間，同時，也是與諸神運作的同一時刻。

顯然，並非所有定期性的節慶，都可以被減化為僅僅如同上述研究調查的類型。然而，我們所關注的，不是節慶的型態（morphology）；而是各種節慶實現了的神聖時間的結構。可以說，神聖時間總是相同的，是一「永恆的序列」（a succession of eternities, Hubert and Mauss）。因為無論一個宗教節慶有多複雜，它總是牽涉到發生在原初時間（ab origine）的神聖事件，而使之儀式性地臨現於此時。參與者在節慶中，便成為與該祕思事件同時期的人。換句話說，他們誕生於自己的歷史性時刻中——即全由個人及其內在事件所建構的凡俗時間中；然後重新獲得原初時間，這原初時間總是一樣地，屬於永恆的時間。宗教

88

人定期性地尋求方法，回到祕思性與神聖性時間，重回起源的時間，即它尚未帶有凡俗期間而不流動的時間，因為它由一「永恆的現在」（eternal present）所組成，可以無限制地復原。

89　　　宗教人感受到一種需要，要定期性地全心投入這個神聖且無法摧毀的時間。對他來說，這神聖時間使得其他時間——日常時間、每個人皆可生活自如的凡俗期間——成為可能。這祕思性事件的「永恆性現在」，使歷史性事件的凡俗期間成為可能。舉一個例子：發生在彼時，神的婚配（hierogamy），使得人類的性結合成為可能。男神與女神的結合一體，發生在永恆的現在、在那非時間性的剎那間；而人類兩性間的結合，若不是儀式性的結合時，則發生在日常凡俗的時間中。神聖與祕思性時間，也開啟並支持著存在性的歷史時間，因為祕思性時間是歷史時間的典範模式。

　　簡言之，每件事物之所以進入存在，都是由於神或半神人的德行。各種實體與生命的起源本身是宗教性的。馬鈴薯得以日常方式被耕種、被食用，因為它是定期性地被耕種，並儀式性地被食用。而這些儀式之所以能被執行，乃因諸神在彼時顯示出它們來，經由創造人和馬鈴薯，並對人顯示如何種植和食用特殊的植物。

　　在節慶中，生命的神聖幅度被恢復，參與者經驗到人類存在的神聖尊嚴，是神聖的受造者。在任何其他的時間裡，總會有忘本的危險；存在，並非現代人所謂自然（nature）所賦予的，而是來自「他者」（Others）的創造，亦即來自諸神或半神人等的

創造。此外，在節慶中，參與者恢復了存在的神聖幅度，他們藉 90
此再度學習到諸神或祕思性的祖先如何創造了人，並教導人類各
種社交行為及實際工作的種種。

　　從某個觀點來說，從歷史時間中定期性地顯露，可能會造成
一個拒絕歷史，因而也拒絕了創新性自由的結果，尤其對宗教
人整體存在的觀點來說，其結果更是如此。畢竟，這所牽涉到
的，是一永恆地回歸到「彼時」，回到祕思性的、完全是非歷史
性（unhistorical）的過去。這觀點總結地說，就是永恆地重複諸
神在原初時（ab origine）所顯示的典範行動與態度；它相反於
任何人類的進步，並痲痺了所有創新的自發性動力。當然，這個
結論只是部分有道理而已。對宗教人而言，即使是最原始的宗教
人，原則上是不會拒絕進步的；他會接受進步，但同時，也會賦
予它一個神聖的起源和神聖的幅度。

　　從現代人的觀點來看每件事，似乎給了我們相較於上述情況
下的進步觀（無論是哪一種的進步，社會性的、文化的、技術性
的進步……等）；但這一切，原始社會卻是在他們渴望歷史是一
系列新的神聖啟示之下而接受的。不過在此，我們要放下對此問
題面的探討。對我們而言，最根本而重要的，是去瞭解重複神聖
者行為與態度的宗教意義為何。現在，似乎是愈來愈明朗化了， 91
如果宗教人感受到無限地仿效相同的典範行為與態度是必須的，
這是因為他渴望，並且試圖活得更接近他的神（his gods）。

定期進入眾神的時代

　　前一章中，我們審視過城市、廟宇及房子的宇宙象徵體系，也指出了這與「世界中心」的觀念密切相關。宗教象徵體系大都隱含著上述「世界中心」的象徵，這點表明了以下的意義：宗教人渴望擁有的住所，是在一個向上開放的空間中，亦即得與神聖世界共融的空間。簡言之，住得愈靠近世界中心，也就等同於盡可能地越接近諸神。

　　如果我們分析一下宗教節慶的意義，會發現同樣有接近諸神管道的渴望。重新融入起源的神聖時間，就等於是進入諸神的時代，並因而在諸神臨在之下，與祂們共同生活；即使眾神是所謂不可見的奧祕性臨在，但這也就等於是與眾神共同生活了。人們渴望活在神聖空間與神聖時間的經驗中，這顯示人們渴望在生活中重新融入原始情境，亦即進入眾神與神話祖先臨在、從事創造世界的原初情境，他們或者系統化地組織這個世界，或者顯示給人文明的基礎。這個原始情境不是歷史性的，不能以編年的方式來計算；它所包含的，是一祕思性的前提──即發生在「創始」（in the beginning）時、最基礎（in principio）、起源的時間上。

　　所以，發生於「創始」之時，便意味著神或半神人當時在地上的活動情形。因此，對起源的懷舊之情，便等同於**宗教性**的鄉愁（religious nostalgia）。人渴望恢復諸神臨在時的活動；同樣也渴望活在來自創造者之手的世界上，直接、純淨而穩固。對於

定期回歸「彼時」的最首要解說，便是對「創始時的圓滿」的懷舊之情。以基督信仰的話來說，可謂是「伊甸樂園」的鄉愁，雖然從原始文化對宗教與意識脈絡的層面上來看，這完全不同於猶太基督宗教的觀念。但此祕思性的時刻，乃是為神聖者之臨在所聖化了的時間，它被人定期地再實現，我們因而可以說，這活在**神聖者臨在**與**圓滿世界**內（基於新生而圓滿）的渴望，可說是對「天堂樂園」（paradisal）情境的鄉愁。

　　如我們上述所關注的，宗教人想要定期地回歸的這一部分渴望，及他對於重返祕思性情境（即「創始」時的情境）的努力，對現代人來說可能會感到難以忍受及丟臉。因為這樣的鄉愁，無疑地，將導致行為上一些儀態與行為典範的持續性重複。從某個觀點而言，我們甚至可以說，對宗教人而言——尤其是原始社會的宗教人——最重要的，便是人被永恆回歸神話所麻痺。當代心理學家想要試圖說明這樣的心態：其實是面對新奇危險事物時的焦慮；人們面對上述焦慮時，常會拒絕承擔和面對真實歷史性存在的責任，這種對天堂樂園的鄉愁，正是因為在胚胎期時期即已感到無力的、與本性的分離。

　　這個問題太過複雜，我們無法在此討論。無論如何，它已超出我們研究的領域之外，因為在上述的分析中，它包含了前現代與現代人之間的對立問題。我們想更進一步地指出，認為「原始與古代社會的宗教人拒絕承擔真實存在的責任」，可能是個錯誤的信念。反之，正如我們之前所見且將再次看到的，宗教人勇敢地承擔了極大的責任，譬如：在宇宙的創造中參與合作的責任，

93

或創造他自身世界的責任，或確保動物、植物生命的責任……等等。只不過這是個不同的責任感，不同於我們現代人看起來是唯一真實而有效的責任感罷了。這是一種**建基於宇宙計畫上的責任感**，與倫理的、社會的、歷史的、只在乎對現代文明有效的責任感有所不同。

從凡俗存在的觀點來看，人除了對自己及對社會之外，不會感到還有什麼責任感。對這樣的人而言，世界並不會適切地建構出一個活生生的、清楚的宇宙整體；世界僅僅是物質貯藏與地球物理能量的總和而已，而現代人最關心的，便是避免愚昧地耗盡全球的經濟資源。然而，原始人的存在方式，卻總是將自身放在宇宙的脈絡中。他個人的經驗，既不缺乏真實性，也不缺乏深度；只不過，因為他們以我們所不熟悉的語彙來表達，以致在現代人的眼光中，看起來虛假或幼稚。

回到我們此刻的主題：我們沒有理由詮釋定期性地回歸起源的神聖時間，就是一種拒絕真實世界，以致遁入夢幻與想像中。相反地，此處似乎又再次告訴我們，我們可以由前述已證實的，將本體論的痴迷（ontological obsession），與那些被認為是古代社會與原始人的本質特性，分辨出來。因為渴望重回起源的時間，也就是渴望回歸到眾神的臨在，回歸那恢復穩固、直接、純淨、存在於「彼時」的世界。**對神聖的渴望**，同時是對**存在**的鄉愁。在存在的層面上，這個經驗找到了特定的表達方式，亦即：生命可以定期地重新大吉大利。的確，這不只是對存在抱有樂觀主義，而且還是對存有本身的完全貫穿。藉著他所有的行為，宗

教人宣告：他相信唯有活著，並參與其存在中的一切，才得以確保他身為守護者的原初啟示。這些原初啟示，總結來說，便是由他的祕思所建構出來的。

95

神話故事即典範的模式

神話故事，敘述神聖的歷史，也就是發生在「創始」（the beginning of time）、「起初」（ab initio）時的原初事件。此外，敘述神聖的歷史，也相當於此奧祕的顯現。因為神話故事中的人物並不是普通人，他們是神或文化英雄，並且基於他們的行為（gesta），建構了各種奧祕；人無法理解他們的行為，除非他們將自己顯示予人。因此，這神話故事是發生在彼時的歷史，敘述著神與半神人在創始時的作為。講述神話故事，便是宣告那些發生於起源之事。一旦它被述說，便即顯示了出來，這神話故事便成了確定的事實；它便建構了一個絕對的真理。

在奈特西利克[26]的愛斯基摩人聲稱：神話故事述說神聖歷史與宗教傳統的有效性：「它就是這樣，因為他們就是這樣講的。」神話故事宣告一個新宇宙情境的出現，或一則原始事件的出現。因而它總是重述著創造，述說著某物如何被完成、如何出現。為此緣故，神話故事與本體論（ontology）有著極密切的關

---

26 校註：奈特西利克（Netsilik），加拿大愛斯基摩原住民中因努特族（Inuit）的一支，分布於北極海的哈德遜灣西北岸一帶。

係。它只提到那些「實體」、真的發生過，以及被完全彰顯出來的事物。

無疑地，這些實體都是神聖的實體，因它是神聖的，顯然也就是真實（the real）。任何屬於凡俗領域的，都不參與存在，因為凡俗並不會被神話故事本體性地建立出來，也沒有完美的模式。如同我們即將看到的，農事被諸神或文化英雄儀式性地顯示出來。這也就是為什麼它所建立的行動，同時亦是真實而有意義的。

我們想想，與「剔除了神聖」（desacralized）的社會之中的農事比較一下。在現在「剔除了神聖」的社會中，農事已然成了一般凡俗的活動，並由它所帶來的經濟利益所擔保。被耕種的土地，是被剝削的，而它所追求的目的，便是利益與食物。宗教象徵的意涵空洞了，農事同時也變得黯淡而疲乏；它顯得毫無意義，並使得向普世、向精神世界的開放成了不可能的事。沒有神，也沒有文化英雄曾經顯示過這樣的凡俗活動。

眾神與祖先曾做過的每件事，藉著神話故事，必須述說有關他們的創造活動，這屬於神聖的領域，因而參與了存在（being）。對照之下，人在自動自發下所做的、絲毫不具祕思性模式的、屬於凡俗領域的一切，便是徒勞而虛構的活動，而且根據上述的分析，是不真實的。越是宗教人，他所擁有的典範模式也就越能引導他的態度與行為。換言之，越是宗教人，就越能進入真實，越不致陷入行為迷失的危險，亦即那些非典範性的、主觀的、最終脫軌的危險。

　　這就是我們在此要特別強調的神話故事觀點。神話故事顯示
了真實的神聖性，因為它關係到諸神的創造活動，揭示了他們工
作的神聖性。換言之，神話故事表達了神聖進入這世界的各種戲
劇般的介入。這也就是為什麼對很多原始人來說，神話故事不能
在不考慮時間、空間的情況下被重述，而只能在儀式性的豐收
（秋、冬）季節期間，或在宗教性慶典的過程中，簡言之，就是
在時間的神聖節慶中被誦讀的原因。

　　正是神聖進入這個世界的干預，一個在神話故事中敘述的干
預，建構了世界成為一個實體。每一個神話故事，都顯示出其
實體的存在方式，不管它是整個大實體——宇宙；還是只是一
個細小的實體——如：一個島嶼、一種植物，或一處世間機制
（human institution）。敘述事物的存在方式，一方面在解釋它
們，二方面也同時間接地回答了下列問題：**為什麼**它們會進入存
在？其實要回答「為什麼」，這答案總是被包含在「如何」裡
頭，基於這個簡單的理由，可以說，敘述一個事物如何誕生，也
就是顯示神聖進入這世界的一種干預，而這神聖，便是所有真實
存在的終極原因。

　　因而更進一步說，每個受造物都是神的作為，而且是一種神
聖的干預，它同時也呈現出創造能力進入這世界的一種干預。
每種受造物皆自豐盈中湧出。諸神創造出充盈的力量、滿溢的能
力。創造乃完成於一種盈餘的本體論的實體。這也就是為什麼神
話故事，亦即敘述此神聖之本體顯現（豐饒之存在的得勝顯現）
的神話故事，成了所有人類活動的典範模式。它只顯示那真實

97

98

123

的、豐富的及有效的事物。印度文獻《百道梵書》（*Shatapatha Brahmana,* VII, 2, 1, 4）說：「我們必須效法眾神在最初時所作的。」《鷓鴣氏梵書》（*Taittiriya Brahmana*，I, 5, 9, 4）：「因此神所作的，人也作」。因而神話最重要的作用，便是將所有儀式和所有有意義的人類活動「固定住」，包括飲食、性、工作、教育……等的各種典範模式。作一位盡責的人，模仿諸神的典範態度，重複祂們的動作，儘管只是一個單純的生理功能（譬如吃），或者如社會、經濟、文化、軍事或其他活動等，皆是如此。

在新幾內亞（New Guinea），有很多遠洋航海的神話故事，因而提供了「各種範本給現代的航海家」，一如所有其他的活動，「不管是愛、還是戰爭、造（求）雨、垂釣，或其他所有的活動等等。這些敘述都給了每個建築階段、性交上的禁忌等等各種先例。」當一名船長出海，他便代表了神話性的英雄敖日（Aori）。「他穿上一般認為是敖日所穿著的服裝，塗著黑臉……以及敖日從伊維利（Iviri）頭上搶奪來、在他髮梢中同樣的愛意。他舞蹈於台階上，伸開雙臂就像敖日的翅膀一樣……有人告訴我，當他（帶著弓箭）去補魚時，便假裝自己是奇瓦維亞（Kivavia）。」[27] 他不祈求神話英雄的幫助與恩惠，而是將自己等同於他。

這個神話性先驅的象徵，同樣也在其他原始文化中發現。在

27　原註：F. E. Williams, cited in Lucien Lévy-Bruhl, *La mythologie primitive*, Paris, 1935, pp.163~164.

哈林頓（J. P. Harrington）[28] 有關加州卡魯克（Karuk）[29] 印地安人的著作中說道：「卡魯克所做的每件事都會被演出來，因為伊克薩雷亞夫斯（Ikxareyavs）人相信，祂已在故事時間中，設立了此典範。伊克薩雷亞夫斯人即印地安人來到美洲之前的民族。我們在兩難的處境中採用此字眼：現代的卡魯克人，得自動轉譯為『王子』、『首領』、『天使』等。伊克薩雷亞夫斯人屬於卡魯克，唯有在長期充分地敘述、建立所有的習俗、在各種情況下敘說那些『人類將同樣如此作』的事。」這些作為與說法，至今仍被關連並引述到卡魯克的醫療形式中。[30]

這個對各種神聖模式的忠實重複，造成了一個雙重結果：（1）藉由模仿諸神，人類得以屬於神聖，並因而**真實存在**（in reality）；（2）藉由持續地再實現典範的神聖態度，這世界被聖化了。人類的宗教行為，促成了維持世界的神聖性。

使祕思再次成為現實

關注宗教人承擔一個超人類、超驗模式的人性，是非常一件無趣之事。宗教人不認為自己是**真實的人**，除非他模仿諸神、文

100

28　校註：哈林頓（J. P. Harrington, 1884 - 1961），美國語言學家、民族學家。

29　校註：卡魯克（Karuk），加州最大的原住民部落之一，主要分布於北加州至南奧勒岡州的河谷地區。

30　原註：J. P. Harrington, cited in *ibid.*, p.165.

化英雄，或神話祖先。我們幾乎可以說，宗教人渴望成為超過他在凡俗經驗層面之上的另一位存在者。宗教人並非**被賦予**的，而是經由各種神聖模式的路徑，**成為**他自己。如前述所言的，這些神聖模式被保存在神話故事當中，在神聖行為的歷史中。因此宗教人也視自己是歷史所造，正如凡俗人也是為歷史所造的一樣；然而，唯一與他有關聯的歷史，便是顯示於神話故事中的**神聖歷史**，也就是諸神的歷史。因此，凡俗人堅稱自己是唯靠人類歷史和行動的總結所建構的，對宗教人而言，卻是不重要的，因為他們沒有神聖的模式。這個要點，我們從一開始就不斷強調：宗教人建立的此模式，就是他所到達的超人層次，即他在神話故事中所顯示出來的層次。一個要成為真實的人，唯有遵從神話故事的教導，也就是模仿諸神。

對原始人而言，我們還要加上一點：模仿諸神有時也蘊含著一個相當重大的責任。我們已經瞭解到，某種血的祭獻，可以確保他們在原初神聖行為中獲得赦罪；因為神在彼時已殺了惡魔海怪，並為了創造宇宙而分解了牠的身體。同樣的，當人要建造村莊、廟宇，或僅僅是一間房子時，他也重複這個血的祭獻（有時甚至用人為犧牲祭品）。模仿神的結果，可以很清晰地被呈現在神祕的原始民族的各種神話故事與儀式中。

101 　　我們僅舉一例來說：根據最早期耕種者的神話故事，人成為今天的樣子——必死的、有性的特徵與能力、受譴責去工作——乃是原初謀殺的結果；在彼時的一位神，幾乎大多是一個女人或處女，有時也會是一個小孩或男人，允諾讓自己成為祭神而犧

性的祭品，以便使各種植物、果樹可以從他的身體中成長。這
第一次的謀殺，徹底地改變了人類生命存在的模式。為祭神而
犧牲所舉行的儀式，不只是為食物上的需要，也是一種死亡的
判決；而性，便在其結果上，成了人類確保生命延續的唯一辦
法。為神祭獻者的身體被轉化為食物；其靈魂降至地底下，在那
裡建構了「亡者的領土」（the Land of the Dead）。傑森（A. E.
Jensen）[31] 致力於研究眾神的型態——即他所謂德瑪（dema）眾
神，他在一本重要著作[32]中總結地指出：人在食物與死亡當中，
參與了德瑪眾神的生命。

　　對所有古代農業文化的民族而言，它的本質，就是定期地喚
起建構人類今日情況的原初事件。他們整個的宗教生命，就是紀
念與回憶。這項經由儀式（即反覆執行原初的謀殺）得以再次實
現的記憶，扮演了一個決定性的角色：那在彼時所發生的一切，
必將永不被遺忘。真正的罪惡，就是遺忘。一個女孩初經來潮
時，花了三天的時間待在黑暗的小茅屋中，不能與任何人說話，
她之所以如此做，乃因當初那個被謀殺的處女已變成了月亮，並
在黑暗中停留了三天；如果這位初經來潮的女孩打破了這項沉默
的禁忌，而與別人說話，那她便是遺忘了原初事件，而這是有罪
的。個人的記憶並不被包括在內；重要的是牢記在祕思性事件，
這是唯一值得認真對待的事件，因為它是獨一僅有的創造事件。

102

31　校註：傑森（A. E. Jensen, 1899 - 1965），德國民族學家。
32　原註：A. E. Jensen, *Das religiöse Weltbild einer frühen Kultur*, Stuttgart, 1948.
　　Jensen 從新幾內亞的馬林德－安寧（Marind-anim）族借用了 dema 這個字。

它落到原初神話裡，以保存人類境況中的「真實歷史」；在神話之中，所有行為的原則與典範，都必然被探尋、發現。

在文化的舞台上，我們也遇到了儀式的殘暴面。食人族的主要關切，似乎本質上是形而上的；他們必不遺忘在彼時所發生的一切。沃爾哈德[33]和傑森都已經清楚地指出：在節慶中殺害母豬並將之吞食、在塊莖植物收割時吃下它的第一個果實，這其實是**一種神明身體的食物，完全依照食人族的饗宴來食用**。以母豬為祭品、野蠻人獵取人頭的習慣、食人族，都象徵性地與塊莖植物或椰子的收穫等相同。沃爾哈德的成就，已經證明食人族習俗的宗教性意義，及由食人族所承擔的人類責任。[34]植物所帶來的食物，並非大自然所給的，而是一種殺戮的結果，因此為植物而言，它的受造便是源自時間之初。

野蠻人獵取人頭的習慣、以人為祭獻、食人族，這些都為人所接受，以確保植物的生命得以持續的作為。沃爾哈德在這個重點上的強調，完全被證明是有理的。食人族擔負起他在世界裡的責任；食人主義在原始人中，並不是一個「自然而然」的行為（其實，在最古老的文化中甚至沒有發現這樣的行為）；這是一個文化性的行為，建基於對生命的宗教觀上。為延續植物的世界，人必須去殺，並且被殺；此外，人也必須使性傾向發揮到極

---

33 校註：沃爾哈德（Ewald Volhardt, 1900-1945），德國人類學家。

34 原註：E. Volhardt, *Kannibalismus*, Stuttgart, 1939. Cf. Eliade, "Le mythe du bon sauvage ou les prestiges de l'origine," in *id., Mythes, rêves et mystères*, Paris, 1957, pp.36ff.

致，亦即嘉年華式的盡情縱慾（orgy）。在衣索比亞，有首詩歌述說：「還沒生產的女人，讓她生產吧；還沒有殺過的男人，讓他殺吧！」這是一種說法：兩性被注定了要承擔起各自的命運。

在對食人族進行判斷之前，我們必須謹記：這乃是由神明所設立的。但神明如此設立，乃為給人類承擔起在宇宙中之責任的機會，使他們能夠供應植物生命的延續。而這個責任，本質上是宗教性的。維托[35]食人族斷言說：「即使當我們不跳舞時，我們的傳統還是活生生地在我們之中；但我們只在可以跳舞時工作。」他們的舞蹈堅持重複著所有的祕思性事件，也因此第一次的說法，會為食人族的風俗所遵從。

我們之所以舉了這個例子，乃為顯示在如古代東方文明中的原始人之間，**模仿神**並不被美好地理解，而是相反地，意味著一種對人類責任感的敬畏。在判斷一個野蠻社會時，我們絕不能忘記這個事實：即使是在最殘暴的活動與最異常的行為中，都有神聖、超越人類的模式。在此並不追問這種宗教行為惡化及脫軌的原因，及其所造成的結果，這樣的追問，完全不是我們此處所探討的問題，因此我們不打算在此進入。我們的目的，即我們一直強調的這個事實，宗教人尋求模仿他的神，而且相信他當時所模仿的，甚至於，當他允許自己被帶入幾乎瘋狂、墮落、罪惡的行為時，亦然。

104

35　校註：維托（Uito，或 Uitoto、Witoto、Huitoto），南美洲印地安原住民族的一支，主要分布於東南哥倫比亞與東北秘魯的河谷地帶。

神聖的歷史、歷史、歷史主義

我們再重述幾個要點。宗教人經驗到兩種時間：凡俗與神聖。前者是暫時性的期間；後者則是「永恆的連續」，得以在神聖曆法所構成的節慶期間中定期地回復。曆法上的儀式時間，在一個密閉的圓環中流轉，這也就是為諸神德行所聖化的一年裡的宇宙時間。而且，因為最偉大的神明作為，就是宇宙的創造，對宇宙創生的紀念，便在很多宗教中扮演著相當重要的一部分。「新年」就是創世的第一天。而「年」便是宇宙的時間向度。「世界過去了」便是表達「年」（即世界）已運轉了一周。

每逢新年，宇宙創生便會被反覆地重述，世界再度受造，而如此作，也創造了時間；換句話說，藉由開啟其更新，使它再次重生了。這也就是為什麼，宇宙創生神話會成為所有創造或建築的典範模式，它甚至被用來作為一種醫治的禮儀性方法。藉著象徵性地成為與創世同一時期，人得以重新整合原初時的富饒。病人會變好，因為他再次帶著他完整未受損的能量，開啟了他的生命。

宗教節慶是原初事件的再次實現，是眾神與半神人的相關角色所構成神聖歷史的再次實現。而神聖歷史被敘述於神話之中。因而節慶中的參與者，便成了與眾神和半神人同時期的人。他們活在由眾神的臨在與活動所祝聖的原初時間中。神聖曆法定期性地再生時間，因為它得使時間與原初、純淨（未受汙染）而強烈的時間同時發生。節慶的宗教體驗——即參與神聖——能使人定

期活在諸神的臨在當中。這也就是為什麼在所有梅瑟（摩西）之
前的宗教中，神話故事佔有根本重要性的原因，因為神話故事敘
述諸神的作為，而且這些作為建構了所有人類活動的典範模式。
在某種程度上，人類模仿他的神，宗教人活在原初的時間中，也
就是神話的時間。換言之，人類出身自凡俗期間，卻發現永不移
動的時間──永恆。

　　因此，對原始社會的宗教人而言，神話故事建構了人類神聖
的歷史，人類必將永不遺忘這些神話故事；藉由神話故事的一再
實現，人類可以接近他的神，並參與神聖。然而，也有一些悲劇
性的神祇歷史，而人類也藉由定期性地再實現，來對自己、也對
自然擔起一個重大的責任。譬如禮儀性地表達食人族主義，是一
個悲劇性宗教概念的結果。

　　簡言之，透過人類神話故事情節的一再實現，宗教人企圖接
近諸神，並參與其存在；而對典範的神聖模式的模仿，同時表達
了他對神聖與存在性鄉愁的渴望。

　　在原始人和古代的宗教中，對神祇功績不停的重複，被證實
是**模仿神**（imitatio dei）的作為。神聖曆法每年重複著相同的節
慶，亦即紀念同樣的祕思性事件。確切地說，神聖曆法顯示出對
有限數量的神祇作為，可「永遠的回復」（the eternal return），
而且，不只對原始宗教而言是真實的，對所有其他的宗教，也是
真實的。任何地方的節期日曆，都對相同的原初情境建構了定期
性的回復（return，回歸），因而也是同樣的神聖時間的再度實
現。

107　　對宗教人而言，再實現相同的祕思性事件，建構了他最大的希望，因為每一次的再實現，他就重獲機會，得以改變他的存在，使他的存在就像神聖模式一樣。簡言之，對原始與古代社會的宗教人來說，對典範作為的永遠重複，及對諸神所聖化、起源的同樣祕思性時間的永遠復原，完全沒有包含對生命悲觀的含意。相反地，對宗教人來說，就是藉由這永遠回復到神聖與真實的源頭的功效，人類的存在似乎真的由虛無與死亡中，被拯救了出來。

　　當宇宙的宗教性意義逐漸失落時，這個觀點便全然地改變了。這就是發生在某些高度發展的社會中，當智識菁英分子一步步地將自己從傳統宗教的型態中分開時，宇宙時間的定期性聖化，便成為沒有用又毫無意義了。諸神再也不能透過宇宙規律而那麼地容易接近。重複典範作為的宗教意義，被遺忘掉了。然而，空無宗教內涵的重複，必然會導致對存在的悲觀或厭世的觀點。當不再有重整原初情境的媒介，也因而不再有恢復諸神奧祕性臨在的媒介，也就是在完全「去神聖化」之時，周期性循環的時間便成了可怕的時間；時間被理解為一個永遠在其自身中旋轉的循環、無止盡地重複自身。

　　這是發生在印度的事，在那裡，宇宙周期（yugas，劫）的教義被詳盡地發展起來。一個完整的循環，即一個「大劫」（a
108　mahayuga），包含了一萬兩千年。這循環結束於一種「滅絕」（a pralaya）；而在第一千個循環的結束（即第一千個大劫的滅絕）時，會被更加徹底地重複，即「大滅絕」（mahapralaya）。

而此典範圖示「創造→毀滅→創造……」將永無止境地被製造下去。一萬兩千年的「大劫」被視為是天年，每一個天年又包含有三百六十年的周期，故此，一萬兩千年年的天年共產生了四百三十二萬年，為一完整的宇宙周期（a single cosmic cycle）。一千個大劫，構成了一個「梵劫」（kalpa，即四十三億兩千萬年）的形式；每十四個「梵劫」又構成了一個曼萬塔拉（manvantāra）（如此命名，乃因每個曼萬塔拉都被認為是神話祖先神摩奴〔Manu〕所制訂的）。一個「梵劫」相當於梵天的一個白日生命，第二個「梵劫」便相當於梵天的一個夜晚。當梵天在過第一百個這些年，換言之就是人類的三千一百一十兆年，便構成了梵天的一生。但即使經過此神生命的周期，也仍不會耗盡時間，因為諸神並非永恆的，而宇宙的創造與毀滅，卻會一個接著一個永遠承續下去。[36]

　　這是真實永恆的回復（the true eternal return），永恆重複著宇宙的定期毀滅與再造的根本規律。簡言之，**這就是宇宙年的原始概念，卻已缺乏其宗教內涵**。顯然地，「劫」的教義為智識菁英詳加發揚，如果它已然成了全印度人的信仰內容，那我們大可不必認為它對全印度人民都顯示出它的可怕面向。這主要是宗教與哲學的菁英份子，對周期性時間呈現出無止盡地重複自身，感到絕望。對印度的思想來說，這永恆的回復，指的是被「業」力（force of karma）——亦即宇宙因果定律——所不停回復的生存

109

36　原註：Cf. Eliade, *Myth*, pp.113 ff,; see also *id., Images et symboles*, Paris, 1952, pp.80 ff.

方式。進而，連時間也被等同於宇宙的幻象（māyā）；而此永不停止回復的生存方式，意味著痛苦與奴役的無限延長。在這些宗教與哲學菁英份子的觀點中，唯一的希望就是「停止回復存在」（nonreturn-to-existence），亦即「業」的終止；換句話說，最終的解脫（moksha），便是超越宇宙[37]。

希臘人也知道永恆回復的神話故事，而且希臘後期的哲學家表達了循環式時間之最大極限的概念來。我們引用布許[38]一些具有洞察力的話：

根據著名的柏拉圖主義的定義：時間——被天體運轉所決定和計算的時間——是不變之永恆的可變形像，是不變之永恆仿效運轉於一個圓之中。而其結果是，所有宇宙的形成，及其以同樣方式的存有，在我們現存此世界的生成與毀滅的期間，都將進入一個圓之中，或者根據循環的無限連續，而進入同一個實體，遵循不變的定律與不變的交替法則，而使同一實體進入受造、毀滅與再造的過程中。這個對存在相同的結論——無一存在失去，亦無一受造，不僅在此被保留，而且也在古代柏拉圖之後的某些思想家，如畢達哥拉斯的信奉者（Pythagoreans）、斯多亞學派（Stoics）的哲學

[37] 原註：這超越可以透過「幸運的瞬間」（kshana），即某種允許時間顯露出來的神聖時刻所實現。見：*Images et symboles*, pp.10 ff.
[38] 校註：布許（H. C. Puech, 1902-1986），法國宗教史學家。

家、柏拉圖主義者（Platonists），均傳達了此要點，即確認在每一個周期循環、每一個萬古（aiones）和永世（aeva）中，同樣的情境被複製，都已被製於先前的循環中，並且也將被製於隨後的循環中——如此永無止盡。沒有任何事件是只出現一次的，發生一次即永遠（例如蘇格拉底的定罪與死亡），而是曾經發生、現在發生、將來還會發生，如此永無止盡；同樣的人曾經出現、現在出現、還將在每一次循環於自身的回復中再次出現。[39]

比較了古代的宗教與古東方的宗教，不僅它們有永恆回復的祕思性哲學概念，這概念也被闡述於印度與希臘中。猶太教則呈現出一種最重要的新說法。對猶太教而言，時間有一個開始，也將有一個結束。循環式的時間觀完全被遺忘。雅威不像其他宗教的諸神，將自己顯示於宇宙時間中，而是顯示於不可逆轉的歷史時間中。雅威在歷史中的每一次新的顯現，都不可還原至前一次的顯現。耶路撒冷城的淪陷，表達了雅威對其子民的譴責，但雅威在撒瑪黎雅（撒馬利亞）的淪陷中所表達的，卻不再是同樣的譴責。他的作為在歷史當中是位格性的干預，而且只對**祂的子民**——即為雅威**所揀選**的子民——顯示出其深度意義來。因此歷史事件有了一個全新的幅度——歷史事件成為**神顯**

111

39　原註：Henri Charles Puech, "La gnose et le temps", *Eranos-Jahrbuch*, XX, 1952, pp.60~61.

（theophany）。[40]

　　基督宗教在穩定歷史性時間上又更進一步了。因為天主降生為人，正是因為祂採取了一個歷史性的作為：成為有限之人的生存方式，使歷史有了被聖化的可能。福音書所喚起的（新宇宙再造的）起源時刻（illud tempus），很清楚地界定在歷史時間上，即在般雀比拉多（Pontius Pilate）為猶太總督的期間；但它亦是被基督的臨在所聖化的時間。當今，一位基督徒參與禮儀性的時間中，他便重獲了基督生活、苦難、死而復活時的宇宙性起源時刻；然而，這時刻已不再是一個祕思性的時間，卻是般雀比拉多身為猶太總督的時間。同樣地，對基督徒而言，神聖日曆無止盡地重演著基督在世時相同的事件，而這些事件曾真實發生在歷史中；它們卻不再是發生在原初時間（即起初時）的事實。（但我們必須在此加上，對基督徒而言，時間因著基督的誕生而更新了，因為至上神降生建構了人在宇宙中的一個新情境。）這好像是說，歷史因著天主在這世界上的臨現，而顯現自身為一全新的幅度。歷史更進一步地成為神聖的歷史，如同它在祕思的觀點中、在原始的與古代的宗教中，所被理解的。[41]

　　基督宗教所達到的，並非**哲學**，而是歷史的**神學**。因為天主在歷史中的干預，以及最重要的是，他降生成為歷史中的人物——耶穌基督，並擁有一個超越歷史性的目的——對人類的救

40　原註：Cf. Eliade, *Myth*, pp.102 ff., 論猶太教歷史的穩定措施，尤其是先知的部分。

41　原註：Cf. Eliade, *Images et symboles*, pp.222 ff.

贖。

黑格爾（Hegel）接收猶太基督宗教的意識型態，並將這整個意識型態運用到宇宙的歷史上：宇宙精神（universal spirit，譯者按：即指「絕對精神」、「絕對真理」）**持續地**在歷史事件中顯示自身，而且**唯有**在歷史事件中顯示自己。因而**整個**的歷史，便是一種聖顯；在歷史中發生的每一件事，都應如它曾經發生的，因為宇宙精神就是如此希望的。二十世紀歷史主義哲學之各種形式的這條路，便是由此被打了開來。

我們在此呈現的研究就要告一段落，因為所有對時間和歷史「體悟出宗教意義、賦予新價值（valorization）」[42]，乃屬於哲學的歷史。不過，我們還應加上一點：歷史主義的興起，就像一個基督宗教的變體產物一樣；是基督宗教賦予歷史事件毫無疑問的重要性的（歷史事件其實是一種概念，它的起源便是基督宗教）；只不過，**歷史事件本身**，其實是藉由否定它具有任何的可能性，可以顯示超越歷史與救恩意向（即救恩史）來。[43]

基於上述某些歷史主義論者與存在主義哲學家們所強調的時間觀，以下的判斷並非毫無意義的：雖然歷史主義論者與存在主

113

---

42 譯註：to valorize 原意為（政府的）穩定物價行動，亦即賦予某物新價值。本書中，伊利亞德認為人在「聖顯」的經驗中接觸到「事物的象徵」，能在這象徵中體悟這物有比一般的凡俗意義更深的宗教意義，賦予這事物新的價值。因此，我們將 to valorize 及 valorization 等字，按上下文脈絡的意義譯為「體悟出宗教意義」、「賦予新價值」。

43 原註：有關歷史主義的各種難題，見：*Myth*, pp.147 ff. 譯者按：換言之，歷史主義否定救恩的可能性；基督宗教卻肯定救恩史。

義哲學家們的時間觀已不再是一個環狀的概念，但時間對近代的哲學家們，又再一次披上可怕的面貌，就像印度與希臘哲學家們對時間所披上之永恆回復的觀念一樣。最終，時間呈現自身，還是一個不確定的、暫時性的時段，終至引向無可救藥的死亡。

第三章

自然的神聖性與宇宙性宗教

116 　　對宗教人而言，自然從不只是自然而已，它總還充滿著宗教性意義。這並不難理解，因為宇宙是神聖的創造，它來自眾神之手，整個世界都孕含著神聖。然而，世界並非只有透過眾神所通傳的才神聖，就好比一個地方，或一件器物，因著神的臨在而被祝聖一樣。其實眾神所做的，比我們想像的還要多，**他們在這個世界的結構中、在宇宙呈現的各種現象裡，顯示出神聖的不同樣貌來。**

　　世界所展現的樣子，就是在宗教人的默思觀想中所揭示各種神聖與存在的樣子。最重要的是，世界存在著，它就在我們眼前，而且具有某種結構；它不是混沌，而是宇宙；因而世界所展

117 現出來的，是個受造物，是眾神的作品。這神聖的作品，總是維持著它顯而易明的性質，換言之，它總是自發性地顯示出神聖的各種面向來。譬如天空，它直接地、「本然地」顯現出無限遙遠的距離，顯現出它神聖的超越性來。又如大地，也是顯而易明的，它把自己呈現為宇宙的母親和保姆。宇宙進展的旋律，在在都顯示出井然有序、平衡和諧、永恆續存、豐饒多產。整體而言，宇宙是一個有機體，同時是真實的、活生生的，而且是神聖的。宇宙同時顯現出各種存在與神聖的樣子來，在此，「存有本身的顯現」（ontophany，譯按：或譯「本體顯現」，指「大自然所展現的自我」）與「聖顯」（hierophany，指「神聖的自我展現」）相遇了。

　　本章中，我們將試著去瞭解，世界如何將自己呈現在宗教人的眼前，或者更精確地說，世界透過自身的結構，是如何呈現其

神聖性的。我們不能忘記，對宗教人而言，超自然被緊緊地連繫　118
於它的本性之中，也就是說，自然總是顯示出某種超越它自身的
訊息來。如我們先前所說過的，一顆聖石受到尊崇，不是因為它
是石頭，而是因為它是神聖的；是神聖透過石頭所呈現真實本質
的存在模式而顯現出來的。基於這個緣故，我們無法同意十九
世紀給所謂「自然崇拜」（naturism）或「自然宗教」（natural
religion）所下的定義。因為宗教人便是在這世界中，透過自然
的觀點，掌握了對「超自然」的認識。

神聖的蒼天與天神

　　真誠地默思觀想天空穹蒼，已足可喚起宗教經驗了。蒼天展
現出它的無限與超越。與其他由人及其環境展現出的一切相比，
蒼天顯然是「全然他者」（wholly other）。超越，僅能由無限
高的意識顯示出來。「至高無上」（Most high）同時成了一種
神聖（divinity）的屬性。人所無法到達的高處、群星所在之
處，具有超越者、絕對實體與永恆的重要性。眾神住在那裡，只
有少數具有特別恩典的凡人，可以經由攀升的儀式到達那裡；而
在某些宗教概念中，那裡就是亡靈上去的地方。「至高」是一個
人之為人所無法到達的幅度，它屬於各種超人力量和各種超越性
存在。經由登上聖所的階梯，或者經由引至天上的儀式性梯子，　119
人便不再是人，他以某種方法分享了神的特質。

這一切並非邏輯與理性的運作可以掌握。崇高的、超越世俗的、無限的超驗範疇，顯現在整個人身上，包括他的心智與靈魂。對天的注視與驚歎，佔據了人整個的意識，人同時也發現到，天的神聖性與人在宇宙中的情境，根本是無從比較的。因為**蒼天以它自身存在的模式，顯示出它的超越性、能力，及它的永恆性來。蒼天絕對性地存在，因著它崇高、無限、永恆、充滿能力。**

這就是上述聲明的真實意義：眾神以此世界的結構，顯示出各種不同的神聖樣式來。換句話說，宇宙——眾神的典範性作為——之所以被建造為具有神的超越性的宗教意義，乃是被天的絕對存在所激發的。而且，因為天的絕對存在，很多原始民族對至高神之命名，便能顯示出它的崇高、天體穹蒼、各種天象，或簡單地稱為「天的擁有者」（Owner of the Sky）或「天上居民」（Sky Dweller）。

毛利族[1]的最高神被稱為伊何（Iho），意思是高舉、偉大。阿克波索黑人[2]族的最高神烏瓦魯吳（Uwoluwu），指的便是高處、上界之意。火地群島[3]的賽克南恩[4]民族，神被稱為「天上居

1　譯註：毛利（Maori），紐西蘭的原住民族。

2　校註：阿克波索黑人（Akposo Negroes），非洲黑人民族，主要分布於西非的迦納與多哥。

3　譯註：火地群島（Tierra del Fuego），在南美洲南端，分屬阿根廷及智利兩國。

4　校註：賽克南恩（Selk'nam），又稱歐納族（Ona），阿根廷與智利最南端及火地島的原住民族。

民」或「天上那人」。安達曼群島[5]上的居民，其最高之神普魯加（Puluga）就住在天上，雷聲是他發出的聲音，風是他的呼吸，暴風雨是他生氣的記號，因為暴風雨夾帶著閃電，便是處罰那些破壞他誡命的人。西非奴隸海岸[6]優魯巴民族[7]的天神，被稱為歐羅倫（Olorun），字面意義就是「天的擁有者」。薩莫耶德人[8]敬拜努恩（Num）神，就是住在最高層天中的一位神，而他的名字就是天的意思。柯爾雅克[9]民族中的最高神，稱為「至高者」（One on High）、「至高之主」（Master of the High）、「自有者」（He Who Exists）。日本阿伊努人[10]認為這位至高神是「天王」（Divine Chief of the Sky）、「天神」（Sky God）、「神聖的創世者」（Divine Creator of the World），同時他就是「神威」（Kamui），就是「天」。像這類的清單，還可以很輕易地延伸下去。[11]

我們還可以繼續說，在較文明的民族中，也就是在歷史上扮演重要角色的民族中，我們同樣可以在他們的宗教中發現相同的情形。蒙古人稱最高神為騰格里（Tengri），意思就是

5　譯註：安達曼群島（Andaman Islanders），在印度東部孟加拉灣附近。

6　譯註：奴隸海岸（Slave Coast），指西非奈及利亞西南沿海岸一帶，因十六至十九世紀末西方殖民者由此大量販運非洲黑人至美洲為奴而得名。

7　譯註：優魯巴民族（Yoruba），非洲奈及利亞西南部的黑人民族。

8　譯註：薩莫耶德人（Samoyed），居住在俄羅斯西伯利亞北部的蒙古人。

9　校註：柯爾雅克（Koryak），俄羅斯堪察加半島北部的原住民族。

10　譯註：阿伊努人（Ainu），中國古書稱為「蝦夷」，原居住在日本北海道及其本土東北地方的原住民族。

11　原註：參閱 Eliade, *Patterns*, pp.38~67. 其中所列的範例與書目。

天。中國人的天，同時是自然天，也是天神。蘇美人[12]稱神為丁吉爾（dingir），原指天的顯現，是清明而輝煌的。巴比倫人的阿努（Anu）同樣也表達出天的概念來。印歐民族的最高神宙斯（Diēus），同時指出天顯（celestial epiphany）與神聖（sacred）二意來（參閱梵文的 div，指光照、白天；dyaus，指天、白天；Dyaus，指印度人的天神）。希臘神話中的宙斯與邱比特，他們的名字都還保留了對天之神聖性的記憶。凱爾特人的塔拉尼斯（Taranis，源自印歐語 taran，指打雷）、波羅的海的普庫納斯（Perkūnas，指閃電），以及原始的斯拉夫語培倫（Perun，參考波蘭語的 piorun，指閃電），尤其顯示了後來由天神轉化為暴風神的過程。[13]

　　毫無疑問，這裡有點自然崇拜（naturism）的意味。天神並不等於蒼天，因為天神是創造整個世界，也創造了蒼天的同一位神。這也就是為什麼天神被稱為創造者、全能者、主、首領、父親等等。天神具有位格，而不是一種天顯。但他住在天上，以各種天象顯現，如打雷、閃電、暴風雨、流星等等。這表示宇宙的某種特殊結構（蒼天、天體），構成了最高者的最完美顯現。經由他具體而獨特的顯現，如天的無限廣大，及其莊嚴與崇高、暴風雨的可畏等，顯示出他的臨在。

---

12 譯註：蘇美人（Sumerian），古代幼發拉底河口的地名為「蘇美」（Summer），住在當地的民族稱「蘇美人」。

13 原註：關於這一點，請見同上書，pp.66 ff., 79 ff., etc.

遙遠的至上神

瞭解各種至高之神（其結構為天）的歷史，是以整體觀點來瞭解人類宗教歷史時，最為重要的一部分。我們甚至無法用幾頁的篇幅，就在此寫出這個歷史來。但我們至少須提到下列這個事實，對我們來說，這個事實似乎是主要的重點：各種具有天的結構的至高之神，從宗教行為與儀式中，漸漸地消失了；他們與人愈離愈遠，漸漸退回天上；並且愈來愈疏遠，以致成了退休而無作用的神了。總之，這些神可以說是，在他們創造了宇宙、生命及人類之後，感到某種疲累，就好像創世的大事業已耗盡了他們的全部資源一樣。所以他們退回天上去，留下一個兒子或一個物質的創造者，去結束或改善這個受造的世界。逐漸地，他們的地位被其他神的角色所取代，如祕思性的祖先神、母親般的女神、生孕之神，以及其他類似的神所取代。暴風之神仍然保留著天的結構，但他已不再是創造的最高神，而只是使土地肥沃的神，有時候，他只不過是其伙伴——地母——的協助者而已。具有天的結構的至高之神，只有在游牧民族當中，才得以保留住其優越的地位，並且在傾向一神論（如阿胡拉－馬茲達[14]）或全然一神論（如雅威、安拉）的宗教中獲得獨有的地位。

至高之神遠離的現象，已在古老的文化階段中就被記錄了下來。在澳洲的庫林[15]民族中間，至高神本吉爾（Bunjil）創造了

14　校註：阿胡拉－馬茲達（Ahura-Mazda），祆教的光明之神。

15　校註：庫林（Kulin），澳洲東南部維多利亞州的中、南部地區之原住民族。

宇宙、各種動植物及人類；但當他賦予了兒子超過地上的能力、賦予了女兒超過天上的能力之後，本吉爾就從這世界退回去了。他停留在雲中，就像個主人一樣，握有著巨大的武力。安達曼群島上居民的至高神普魯加，在創造了這世界及第一個人之後便退回去了。與至高神遠離的奧祕相對應的，是禮拜儀式的近乎全然缺乏，沒有祭獻，沒有懇求，也沒有感恩奉獻的儀式。對普魯加的記憶，僅存在於少數的宗教風俗中，例如獵人成功打完獵之後，以神聖的靜默回到自己的村莊。

在賽克南恩民族中的「天上居民」（Dweller in the Sky）或「自有者」（He Who Is），是永恆的、全知的、全能的創造者；然而，創世的工程乃是由神話祖先所完成的，雖然這些人也是至高神在退回群星之上與之前所造的。因現在此神已從人類中分離，不再關心世事。他既沒有塑像，也沒有祭司，祈求者只有在生病的時候才會向他說話。「您是在上者，請不要帶走我的小孩，他還太年輕！」[16] 除了在暴風雨期間之外，幾乎沒有向他奉獻的。

很多非洲民族也有相同的現象，偉大的天神、最高的那一位、全能的創造者，在大部分部落的宗教性生活中，卻只扮演著極小的角色。他或者太遙遠、或者太完善，以致實際的儀式並不需要他，只有在非比尋常的案例中，他才被牽涉進來。因而像優魯巴人的歐羅倫神（「天的所有人」），他在開始這世界的創

---

16 原註：Martin Gusinde, "Das höhste Wesen bei den Selk'nam auf Feuerland", *Festschrift W. Schmidt*, Vienna, 1928, pp. 269~274.

造之後，便授權給一位較小的歐巴塔拉（Obatala）神，結束這世界的創造並管理它。就歐羅倫神這部分來說，他從人間與世俗的事物中退出，而且此最高之神沒有聖殿、沒有雕像、也沒有祭司。但儘管如此，**他卻在人間極悲慘的災難時刻，被捲入成了最後的救援。**

赫雷羅人[17]的最高神恩典比（Ndyambi）已經退回天上了，但他在退回之前，便將人類委託給較低的神。有一些部落說道：「為什麼我們還要向他獻祭呢？」「我們不需要怕他，因為他不會給我們帶來任何傷害，好像對待亡者的靈魂一樣。」[18]土昆巴（Tukumba）的最高神也是，「離人類的一般事物太遠」[19]。在西非，奚語族黑人[20]民族附近的江庫彭（Njankupon）神也是一樣，平時並沒有向他獻祭的儀式，向他的敬禮只有在非比尋常的情況下才舉行，如饑荒、流行病期間，以及強烈的暴風雨過後，人們便會問他：究竟是什麼原因使他不愉快。

埃維人[21]的最高神德金貝（Dzingbe，宇宙之父），只有在久旱期間才會向他祈禱：「喔，天啊！我們向您致上感謝，如此大的旱災，請您降下雨來，讓大地復甦、讓田原茂盛。」[22]

---

17 譯註：赫蕾羅（Herero），居住在非洲西南納米比亞中部的一個民族。

18 原註：參 Frazer, *The Worship of Nature*, I, London, 1926, pp.150 ff.

19 原註：同上，p.185.

20 校註：奚語族黑人（Tshi-speaking Negroes），西非迦納的黃金海岸區域之黑人民族。

21 譯註：埃維人（Ewe），居住在非洲迦納、多哥境內的黑人民族。

22 原註：J. Spieth, *Die Religion der Eweer*, Götingen-Leipzig, 1911, pp. 46 ff.

　　至高之神的遙遠與被動，被淋漓盡致地表達於東非吉連瑪[23]的諺語中：「木路古（Mulugu）神升至天上；眾鬼降至地獄！」[24] 班圖族人[25]說：「在創造了人之後，神就不再管人了。」尼格利陀[26]民族也重覆說：「神已遠離，離我們遠遠的。」[27] 在非洲赤道附近的牧場上，芳族人[28]將他們的宗教哲學總結於一首曲子中：

> 神（Nzame）在上；人在下。
> 神是神；人是人。
> 神在他家；人也在自己的房子裡。[29]

　　舉太多的例子是沒有用的。在這些原始宗教中的每一處，其天上最高神的出現都已喪失了宗教的普遍性，他在儀式中沒有地位，而在各種神話故事中，他也從人間被抽離得遠遠的，直到他成了一位「不管事的神」（a deus otiosus）。然而，人們並沒有遺忘掉他，**當所有向其他眾神、女神、祖先或魔鬼的訴求都已失**

23　校註：吉連瑪（Gyriama，或 Giriama、Giryama），東非肯亞沿海地帶的主要族群。

24　原註：A. Le Roy, *La religion des primitifs*, 7th ed., Paris, 1925, p.184.

25　譯註：班圖族（Bantu），非洲西南部一帶的黑人民族。

26　校註：尼格利陀（Negritos），泛指東南亞地區膚色較黑、身材比南島民族更矮小的原住民族。

27　原註：H. Trilles, *Les Pygmées de la Forêt éuatoriale*, Paris, 1932, p. 74.

28　譯註：芳族人（Fang peolpes），分布在非洲幾內亞灣東部海岸一帶。

29　原註：H. Trilles, *Les Pygmées de la Forêt éuatoriale*, Paris, 1932, p. 77.

敗時，人們還會將他當作最後的救援來懇求他。就好比歐隆[30]所表達的：「如今我們已試過所有的方法，但我們仍然需要您幫助我們。」而後，他們向神獻一隻白色公雞，呼喊說：「神啊，您是我們的創造者，請憐憫我們。」[31]

生命中的宗教經驗

　　神的遠離，實際上表達了人對自己在宗教、文化及經濟上的發現逐漸增加的興趣。經由參與生命中的聖顯、經由發現大地之神聖的生育能力、經由發現自己所面對更為具體的（更為物質的，甚至是放縱狂歡的）宗教體驗，原始人從天神與超越者中退了出來。農業的發現，不僅徹底地改變了原始人的經濟體制，而且尤其是徹底地改變了神聖的結構。其他的宗教力量進到人間，產生作用，如兩性、生育，還有女人與大地的神話故事等等。宗教經驗變得更為具體，也與生命有更為親密的連結。偉大的母親女神，與強而有力的男神或各種生育之神，比起創世之神來，顯得與人更為容易接近，也更富動態。

　　然而，正如我們剛剛所說的，在極其痛苦危急時，當一切方法都試過仍然無效時，尤其是源自天上來的災難（如久旱、暴風

126

30　校註：歐隆（Oraons，或 Kurukh、Uraon、Dhangar），印度東部、中部地區的達羅毗荼語族之最大部族。

31　原註：Frazer，前引書，p.631.

雨、流行病等的襲擊）時，人便會再度轉向最高神，並懇求祂。這樣的宗教態度，並非只在原始民族中才有。每當希伯來人的祖先經歷了一段和平與興盛的時期，便離棄雅威，轉而求拜鄰居的巴耳神（Baals）和阿市托勒特諸神（Astartes）。只有當他們面臨歷史上重大災難時，才會轉向雅威。「他們就呼求上主說：『我們犯了罪，離棄了上主，事奉了巴耳神和阿市托勒特諸神；如今求您救我們脫離我們敵人的手，我們願事奉您。』」[32]

127 希伯來人面臨歷史性災難後，並在歷史堅決毀滅的威脅下，轉向雅威；這個原始民族在面臨宇宙災難的情況下，想起他們的最高神。而且這種轉向天神的方式，在極端危急時，以及人民的存在受到威脅的情況下，都同樣會發生，一些平時可以確保生命並令生活擢升的神明，便在最高神的支持中被遺棄了。表面上看來這似乎很矛盾，許多原始民族中間的眾神，取代了具有天之結構的天神，像生育之神、財神、生命圓滿之神，總之就是一些能令生命擢升和擴展的神，包括植物、農產、家畜等的宇宙生命及人類生命，就好比希伯來民族中的巴耳神和阿市托勒特諸神一樣。這些神明似乎是強而有力的。他們具有宗教普遍意涵，從他們的力量、無限生命的活力及生產力中，可以完全得到解釋。

然而，這些神的敬拜者，希伯來民族和原始民族都一樣，覺得這些偉大的女神、農業的守護神等，無法拯救他們，也就是在真正的危機時刻中，無法保證他們的生存。這些男神、女神只能

---

32 《聖經·撒慕爾紀上》（《撒母耳記上》），10：2。

夠繁衍或增加生命，而且他們只能在正常情況下行使他們的功能；簡言之，這些神可以將宇宙的規律管理好，卻無能於危機時刻，就如在希伯來民族中的歷史性危機中，救贖宇宙或人類社會。

　　各種取代了最高神的神明，都是最具體的、最驚人之能力（即生命力）的貯藏庫。而且基於這個事實，他們成了生產繁殖的專家，少了點宏偉和高貴的特質，多了點創造神的超自然力量。在發現生命的神聖性之中，人逐漸著迷於自己的發現，宗教人的生命便有賴於這些生氣勃勃的聖顯，並回歸到這個超越他此時此地和日常所需的神聖性中。

各種天之象徵的永恆性

　　然而我們必須注意到，即使當天神不再掌控著宗教生活，在群星之處，星辰的象徵，以及各種攀升的神話故事與儀式，**天神在神聖的結構之中仍然保有其優越地位**。「在上位者」、「在高處者」，仍然持續顯示出各種宗教網絡中的超越性。經由儀式與各種相關主題之神話故事替代品的推動，「天」在宗教生活中仍然存在，甚至會透過它的象徵力量而臨現。而這個天的象徵，依序支持並傾注於很多的儀式（如晉升、攀登、入門、登基等等各種儀式）、神話故事（如宇宙樹、宇宙山、連繫天地之箭的鍊子）和傳說（如神奇的飛行）中。「世界中心」的象徵，前述已

129　說明了它無遠弗屆的普及性，似乎也說明了天之象徵的重要性；因為它位在中央，與天的連繫在此被完成，而天也建構了超越的典範之象。

可以說，就是宇宙的這個結構，保存了對天上至高之神永遠的記憶。就好像諸神就是僅以反映他自身存在的方式，創造了這世界一樣；因為缺少了垂直性，世界便不可能建造得起來，而單就此垂直向度，便足以激發超越性了。

嚴格來說，受到宗教生活的推動，使「天的神聖性」得透過象徵保留其主動性。宗教性象徵傳達出它的訊息，即使無法每一部分都受到人類有意識的理解。因為象徵乃是向我們全人說話的，而非只是向理智說話。

水的象徵結構

在處理土地之前，我們必須先呈現出水域（waters）的宗教性意義。[33] 其理由有二：（1）水域在土地出現之前，就已存在了。如《創世紀》（1：2）所言：「大地還是混沌空虛，深淵上還是一團黑暗，天主的神在水面上運行」。（2）經過對水域的宗教性意義進行分析之後，我們更能領略象徵的結構與功能。如130　今，象徵在人類的宗教生活中扮演著一個決定性的部分；透過象

33　原註：以下所有內容請參閱 Eliade, *Patterns*, pp.188 ff.; *id., Images et symboles*, pp. 199 ff.

徵，世界變得顯而易明，得以顯示出其超越性來。

　　水域象徵各種宇宙實質的總結；它們是泉源，也是起源，是一切可能存在之物的蘊藏處；它們先於任何的形式，也「支持」所有的受造物。其中一種受造物的典範之象，就是突然出現在海中央的島嶼。另一方面，在水中的洗禮，象徵回歸到形成之前（preformal），和存在之前的未分化狀態結合。自水中浮出，乃重複宇宙形式上的創生顯現的行為；洗禮，便相當於一種形式的瓦解。這也就是為什麼水域的象徵同時指向死亡，也指向再生。與水有關聯的，總是會引致一種重生的記號，一方面是因為死亡乃伴隨新生而來，另一方面是因為洗禮充實，並孕育了生命的潛能。

　　以人的層面來說，水的宇宙論有其對應之物，即「物質發生說」，此即根據人類乃由水域而生的信仰。洪水，或洲陸的定期淹沒（亞特蘭提斯島[34]類型的神話故事）亦有其對應之物，以人的層面來說，即人的「第二次死亡」（在地下世界的「水氣」及「濕處」等等），或者，透過洗禮進入死亡中。不過，以宇宙論及人類學的雙重層面來看，沒入水中的浸禮，並不等於進入最終的毀滅，而是暫時性地進入含混蒼茫中，隨後是新創造、新生命或新人的誕生，按照這時刻是否含有宇宙論的、生物學的或救贖論的根據。由此結構的觀點來看，洪水與洗禮是可以相互對照的，而且喪禮中的奠酒，乃對應於新生命的洗淨，或對應於水泉

131

34　譯註：亞特蘭提斯島（Atlantis），傳說中沉沒於大西洋中的島嶼。

的儀式性沐浴，可因而達到健康與多產。

　　不管我們在什麼樣的宗教網絡中發現它們，水域必然保留著它們的作用；它們瓦解、廢除各種形式、「滌除罪惡」，同時可使人潔淨與再生。它們的天命，就是為創世開場白，然後再併入這世界，因為它們無法超越它們自身的存在模式，也就是說，它們無法以「形式」來顯示自身。水域無法超越它們實質的、起源的，及潛在的情境。所有以「形式」顯示自身的事物，從水域中分離出自身後，便超越在水域之上。

　　在此，有一個本質性的重點：**水域的神聖性與水的宇宙論及啟示論結構，二者都只能透過「水的象徵」，始能完全地被呈現出來**；「水的象徵」是唯一能夠整合所有不可計數之聖顯的特殊啟示的體系。[35] 更甚地，這個定律掌握了每一種象徵，作為一個「整體」的象徵，它使各式各樣聖顯的多重涵義的宗教意義被體悟了出來（valorizes）。例如「死亡水域」，唯有瞭解了「水的象徵」結構，才能顯示出它們的深度意義來。

洗禮的典範歷史

　　基督教會歷代的教父們，不停地為水的象徵作前基督宗教及普世性價值的宣傳，雖然他們結合了基督的歷史性存在，而豐富

35　原註：關於這個象徵體系，參見 Eliade, *Patterns*, pp.437 ff. 尤其是 pp.448 ff.

了水的象徵，帶來了新的意涵。戴都良[36]論「水」時曾說：

> 在世上一切的陳設之前，世界和上主在一種尚未成
> 形的狀態中靜默……水是第一個擁有生命的產物，如果
> 水知道如何賦予生命，那麼洗禮就不足為奇。因此，所
> 有的水域，在上主的召喚下，因著它們起源的原始特
> 權，真的達到淨化的神聖功效；因為聖神直接由天而
> 下，並且維持水域的原狀，自己親自聖化它們；而事物
> 同時也吸取了此聖化的效能，成為聖潔的……這些事物
> 過去慣於補償肉體上的缺陷，而今，卻得到心靈的醫
> 治；它們過去習於努力追求短暫的救贖，而今，卻得到
> 永恆的更新。[37]

「舊人」透過浸入水中而死亡，而後賦予生命，成為一個新 133
而重生之人。這個象徵被完美地表達於金口若望[38]的書中，他在
論及洗禮的多重價值時說道：

---

36 譯註：戴都良（Tertullian, 160 - 230，編按：也譯特土良），北非迦太基人，基
督宗教早期的教父。他任職迦太基主教期間，撰文立說，旨在維護和闡釋基督教
教義，是第一位使用拉丁文的多產神學作家。

37 原註：*De Baptismo*, III-V; trans. S. Thelwal, in *The Writings of ertullianus*,
Edinburgh, 1869, Vol. I, pp.233~238.

38 譯註：金口若望（John Chrysostom, 347 - 407），基督宗教早期重要的東方教
父，曾任君士坦丁堡大主教，以其出色的演講與雄辯能力，對當政者與教會內部
濫用職權的譴責、與嚴格的苦行而聞名於世。後世人稱其為「金口」，以讚譽其
口才。

　　它呈現死亡與埋葬、生命與復活……當人將自己的
頭投入水中，如同進入墓穴一樣，舊人便被浸沒，完全
被埋葬了起來；當我們出離水之後，新人便同時出現
了。[39]

　　如我們所知，戴都良和金口若望如此的詮釋，完全是根據水
的象徵結構。但儘管如此，我們在此要深入基督宗教的水域價
值，無疑須由與「歷史」有關的新要素開始著手，尤其是神聖的
歷史。

　　首先，洗禮具有穩定的重要性，它就相當於落入水域的深淵
中，進行一場與海怪的戰役。這落入有其模範，就是基督的沒入
約旦河中，同時也是沒入「死亡水域」裡。正如耶路撒冷的濟利
祿[40]寫道：「根據約伯傳，巨獸貝赫莫特（Behemoth）住在水域
裡，並容許約旦河進注於它頭顱的顎骨之中。而今，因為巨獸的
頭顱必須被擊破，耶穌便下降到水域裡，制伏了這位『強者』，
所以我們能有走在蠍子和蛇上的能力。」[41]

　　接著，我們來談談人體悟到洗禮作為重複洪水的意義。根據

39　原註：*Homil. In Joh.*, XXV, 2.

40　譯註：耶路撒冷的濟利祿（Cyril of Jerusalem, 313 - 386），基督宗教早期的教
　　父，在任職耶路撒冷主教期間，為維護天主教正統教義，攻斥亞略異端，而多次
　　被逐出耶路撒冷又再復職。

41　原註：參閱 J. Daniélou, *Bible et liturgie*（Paris, 1951, pp.58 ff.）中的評論與文
　　獻。

猶思定[42] 的說法，基督——新諾厄（挪亞）[43]——從水域中凱旋
得勝，成為另一類種族的頭目。洪水，同時扮演著落入如水般的
深淵，以及洗禮這兩種角色。

> 因此，洪水象徵透過洗禮而進入圓滿之像。……正
> 如諾厄對抗因著罪孽深重的人類所遭致毀滅的死亡之
> 海，並由此獲救，所以新的受洗者入洗禮的聖池，乃是
> 從他凱旋得勝的最高戰役中去對抗海怪。[44]

不過，洗禮的儀式還有更進一步的關聯，亦即基督與亞當的
並列。亞當－基督的並列，早在聖保祿（保羅）的神學中已佔有
重要的地位。戴都良肯定地說：「經由洗禮，人重新覆蓋上天主
的肖像」（De Bapt., V）。對耶路撒冷的濟利祿來說，洗禮不只
是從罪惡與揀選的恩寵中得到淨化，而且是基督所受苦難的相對
原型。洗禮時的裸體，同時也產生了儀式上與形上的意義。脫掉
「墮落與罪惡的外衣，也就是受洗者在模仿基督中取下的衣服，
這衣服曾是亞當犯罪之後所穿的衣服」[45]；而且洗禮也回到了最

---

42 譯註：猶思定（Justin, +165），基督宗教早期的教父，以護教著稱，以寫作抵制
　　異教的攻擊，或辯明錯誤。由其護教著作中，我們亦可得知羅馬教會在二世紀
　　時，舉行主日感恩禮的禮儀過程。

43 譯註：在舊約聖經的《創世紀》六到九章中，神因為人類的墮落而欲以洪水毀滅
　　這世界，神揀選了諾厄建造一艘大方舟，搭載了他自己、他的家人及每種動物各
　　一對，因而免於喪生於大洪水中。此處的新諾厄（new Noah），指的是基督。

44 原註：J. Daniélou, Sacramentum futuri, Paris, 1950, pp.65.

45 原註：參閱 J. Daniélou, Bible et liturgie, Paris, 1951, pp.61, 55.

初的天真和純潔，回到了亞當墮落之前的狀態。耶路撒冷的濟利祿寫道：

> 噢，多麼了不起！您們在眾人眼前赤裸裸的，也不會感到羞恥。正因為您們誕生在首生者亞當之像的您之內，就是那個在伊甸園內赤裸，也不會感到羞恥的首生者亞當。[46]

135　　從這些文獻中，我們可以瞭解基督宗教革新的方向。一方面，教父們在新舊兩約中尋找其對應之處；另一方面，它們顯示出耶穌已真實地實現了上主給予以色列子民的應許。但有一點值得注意的是，**這些新的洗禮象徵意義的提升，沒有任何一處與散布在世界各處之水的象徵互相矛盾**。諾厄與洪水有他們的對應之處，在無數的傳統陳述中，人類（社會）被洪水的大災難逼至死亡，只有一個人留存，成為新人類的神話祖先；而在洗禮的象徵意義中完全不缺這些因素。「死亡水域」乃是古代東方、亞洲、大洋洲等神話故事的中心思想。水，是最顯著的殺戮者，它分解、廢除所有的形式。也正是基於這個理由，水，處於豐富的萌芽狀態，是如此富有創造力。洗禮中的裸體，不再是猶太基督宗教傳統所獨占的特權；在伊甸園裡，無需著裝，換言之，也不會磨損與破舊（亦即，時間的原型之象永不受損）。所有儀式性的

46　原註：參閱同上，pp.56 ff.

裸體，都意含著永恆的模式，是伊甸園之像。

深淵裡的海怪在很多傳統中重複。英雄，下降到深淵中對抗海怪，這是典型的入門的嚴酷考驗。當然，不同的版本充斥在各宗教的歷史中：有時候巨龍升高守護一座寶庫、守護神聖的可感之象、守護絕對實體的可感之象；而儀式（入門禮）超越守護者巨獸之上的得勝，就等於是一種永恆性的得勝[47]。對基督宗教來說，洗禮是聖事，因為這是基督所設立的。不過，在儀式（入門禮）中的嚴酷考驗（與巨獸對抗），及象徵性的死亡與復活（新人的誕生），絲毫沒有比較差。我們不說這是猶太教與基督宗教從鄰國民族的宗教借來這些類似的神話故事和象徵。他們不需要這麼做；猶太教繼承了宗教之史前時代，以及很長一段宗教歷史，在這兩種歷史中，所有的神話故事與象徵都早已存在。猶太教在其完整性中，甚至不需要保留某個神話故事或象徵「醒著」（awake）。只要還有一些源自梅瑟（摩西）之前時代所殘留下來，甚至是一些含糊隱蔽的意象，就已足夠了。這些意象與象徵，在任何時刻，都能夠恢復其有力的宗教性流傳。

136

各種象徵的普世性

某些初期教會的教父們，他們已經瞭解到基督宗教所推動的

47　原註：關於神話的儀式性動像，參閱：Eliade, *Patterns*, 1pp.207 ff., 283 ff.

象徵，與人類共有財富所具有的象徵之間，具有相當一致的特質。古敘利亞首都安提約基雅的德奧斐洛[48]，他向那些否認死者復活的人演說時，便是訴諸天主在人類面前所設立偉大的宇宙規律（如四季、日、夜等）的各種記號。他寫道：「難道種子與果實沒有復活嗎？」對羅馬的克雷孟[49]來說，「日夜都向我們顯示出復活來；夜晚降落，白天升起；白天離開，夜晚就來臨了。」[50]

對基督宗教的護教者來說，象徵孕育著各種訊息；它們透過宇宙規律顯示出神聖來。隨著信仰而來的啟示，不會破壞基督宗教之前的各種象徵意義，而只是在這些象徵中，賦予了新的價值。當然，對相信這些新意義的人來說，這些新意義的確已足以凌駕其他所有的意義了；這些新的意義，單獨地增加了象徵的價值，將象徵轉化為啟示。基督復活所包含的意義，不是在宇宙生命中可以被瞭解的記號。然而，它具有其真實性，就是**在某種條件中，透過這個象徵結構所呈顯出的新價值**；甚至可以說，水的象徵，透過基督宗教所賦予的新價值，人們期待它最深度意義的圓滿。

基督信仰緊繫於歷史性啟示之上，也就是上主在歷史性時間

---

48 譯註：德奧斐洛（Theophilus of Antioch，二世紀末），基督宗教早期的教父，安提約基雅的主教，致力於維護基督信仰的神觀與教義。

49 譯註：羅馬的克雷孟（Clement of Rome，約 50 - 100），基督宗教早期的教父，於公元 88~100 任羅馬主教，即第四任教宗。

50 原註：Cf. L. Beirnaert, "La dimension mythique dans le sacramentalisme chrétien", *Eranos-Jahrbbbuch*, XVII, 1950, p.275.

中的降生，以基督宗教的觀點來看，它保證了各種象徵的有效性。不過，普世之水的象徵，經過洗禮象徵的歷史性（猶太基督宗教）詮釋，既不會被廢除，也不會被分割。換句話說，歷史根本不能改變古代象徵的結構。歷史不斷地加上新的意義，卻不會破壞象徵的結構。

對宗教人來說，這一切是可以理解的，只要我們記得這世界總是顯現超自然意義，亦即世界總是呈現神聖的模態來，這一切都是可以理解的。任何一個宇宙的片斷，都是顯而易明的；它自身存在的模式，即已顯示出一種存在的獨特結構，因而就是神聖。我們從不該遺忘，對宗教人來說，神聖就是存在的完全彰顯。宇宙的神聖性啟示，在某種程度上，就是原始的啟示，它們取代了人類最遙遠的宗教性過去，也取代了後來因歷史無能廢除所引致的革新。

大地之母

印地安人有一位先知叫史莫哈拉[51]，是瓦納普[52]部落的酋長，他拒絕耕種土壤。他視損壞、挖開萬物之母的土地，是一種罪惡。他說：

51　校註：史莫哈拉（Smohalla, 1815 - 1895），以夢境獲得預言而聞名。

52　校註：瓦納普（Wanapum），北美印地安原住民部族，主要聚居區為美國西北部華盛頓州河谷地帶。

> 你要我犁土!難道我可以拿刀撕開我母親的胸懷嗎?那麼,當我死去時,她便不會將我帶到她胸懷中安息。你要我挖掘石塊!難道我可以挖開她皮膚下的骨頭嗎?那麼,當我死去時,我便無法進入她體內再生。你要我割草,並製作乾草去賣,像白人一樣致富!然而,我怎麼敢剪斷我母親的頭髮呢?[53]

139　　這些話在五十年以前很少會被說出來。但它們自遠古以前就已呈現給我們。聽到這些話所感受到的情感,主要是興起於它們以無與倫比的新奇與自然情況,向我們顯現出「大地之母的原初意象」。我們發現這像以無數的形式和變體遍及世界各地。它是地中海沿岸居民之宗教所甚為熟悉的大地之母(Terra Mater 或 Tellus Mater)——即賦予一切事物誕生者。我們讀到荷馬時代的《大地之歌》(Hym to Earth):「關於大地——萬物之母,我要歌頌;堅定有力的土地,最古老之神,滋養世上萬物……您賦予凡人生命,也奪走凡人的生命。」[54]而且,在希臘悲劇詩人艾斯奇勒斯(Aeschylus)的《祭酒》(Choephori)[55]中,慶祝土

53　原註:James Mooney, "The Ghost-Dance Religion and the Sioux Outbreak of 1890", *Annual Report of the Bureau of American Ethnology*, XIV, 2, Washington, 1896, pp.721, 724.

54　原文譯自 A. Lang, *Homeric Hymns*, p.246, 1 ff.: "Concerning Earth, the mother of all, shall I sing, firm earth, eldest of gods, that nourishes all things in the world…… Thine it is to give or to take life from mortal men."

55　校註:艾斯奇勒斯(Aeschylus, 525 - 456 B.C.)的《祭酒》(*Choephori*),是其代表作《奧瑞斯提亞》(*Oresteia*)三部曲的第二部。

地是「帶給萬物生命、養育他們，並再次包容他們回到她的子宮中」。[56]

先知史莫哈拉沒有告訴我們人是以什麼方式為大地之母所生。但北美許多神話故事，卻顯示出事物在「彼時」是如何開始的。第一批在人類母親的胸懷中度過一段時間的人，也正是身在土地的深處中。在那裡，在大地的深淵中，他們過著半人的生活；以某種程度來說，他們還是尚未完全成形的胚胎。至少曾居住在美國賓夕凡尼亞州的德拉瓦河流域印地安族的蘭尼－雷納普（Lenni-Lenape）部落或德拉威州的印地安人（Delaware Indians）是如此說的。根據他們的神話故事，雖然創世者早已預備好人類現在所享受到一切地球表面上的事物，但他決定這第一批人類應該蘊藏在大地之母的深處一段時間，這樣，他們才能發展得更好、更成熟。在其他美國的印地安神話故事中，也說出大地之母以她今天製造灌木叢和蘆草叢相同的方式，在古時生育了人類。[57]

人類為土地所生，這是一種廣為普及的信仰[58]。在很多語言中，人類被稱之為「土地所生的」。一般相信，小孩子來自

140

56　原文譯自：Verrall, 'Choephori', p.214: the earth "who bringeth all things to birth, reareth them, and receiveth again into her womb."

57　原註：參 Eliade, "la terre-mère et les hiérogamies cosmiques", *Eranos-Jahrbuch*, XXII, 1954, pp. 59 ff.; also in *id., Mythes, rêves et mystères*, pp. 207~252, especially pp.208 ff.

58　原註：A. Dieterich, *Mutter Erde*, 3rd ed., Leipzig-Berlin, 1925; B. Nyberg, *Kind und Erde*, Helsinki, 1931; cf. Eliade, *Patterns*, pp. 239 ff.

大地的深處，來自地洞和洞穴，來自深谷，也來自池塘、噴泉和河流。在這些傳說、崇拜，或僅僅是隱喻的形式中，這樣的信仰至今仍保留在歐洲中。每一個地區，而且幾乎是每一個城市和鄉村，都知道有一條小溪或一條河流會「帶來」小孩，如兒童泉（Kinderbrunnen）、兒童池（Kinderteiche）、兒子噴泉（Bubenquellen）等等。甚至今日的歐洲人，仍然保留了一個模糊的直覺，與他出生時的土壤有著神祕的關係。這就是土生土長的宗教經驗；這感受，就是「**屬於這地方**」，而且這是具宇宙性結構的感受，遠超乎家族或宗族的關係。

141　　　將死之人渴望回到大地之母那裡，被埋在他的出生之地。《梨俱吠陀》（*Rig Veda*，X, 18, 10）寫道：「爬向土地，你母親那裡」。我們在《阿闥婆吠陀》（*Atharva Veda*，XVIII, 4, 48）中讀到：「你是土，我將你放在地裡。」「讓肉體和骨頭重新回到土地裡，」在中國的喪禮儀式中被莊嚴地吟誦著。而羅馬墓穴裡的碑文表達其恐懼，唯恐亡者的屍骨被埋在異鄉，而且最重要的是，碑文也表達出他們重新回到祖國的喜悅：「他在此處誕生，也在此處埋葬」（Hic natus hic situs est，引自 *C.I.L.*, V, 5595）；「他被埋葬在他的出生地這裡」（hic situs est patriae，引自同前，VIII, 2885）；「他誕生之處，渴望重回這裡來」（hic quo natus fuerat optans erat illo reverti，引自同前，V, 1703）。

將嬰兒放在地上的儀式

　　人類的母親是源自大地之母的代表，這個根本的經驗，已經形成了無數的習俗。我們以下會提及將嬰兒放在地上（humi positio）的儀式，這類儀式被發現幾乎遍及世界各地，從澳洲到中國，從非洲到北美。在希臘與羅馬人當中，這樣的習俗已經被歷史性的年代給滅絕了，但無疑地，它存在於一個更為遙遠的過去；在某些生育女神（如愛列提亞、達密亞、奧克塞西亞）[59] 的塑像，將小嬰兒放在她們的膝上，確實地是指把嬰兒放在他呱呱落地時的位置上。在埃及的通俗文獻中，「放在地上」表達的就是生產。

　　這習俗的宗教意義很容易理解：生殖和生產，均是由土地所完成之典範行為的小宇宙的翻版；人類的每一位母親，都只是模仿、重複這個在大地子宮中孕育出生命的原初行為罷了。因而每一位母親都必須讓自己與大地母神（Great Genetrix）有所接觸，藉由她，可引導母親體現生產的奧祕，並可接收她慈愛的力量，以及擔保母性的庇護能力。

　　「將嬰兒放在地上」，至今仍廣為普及。在歐洲某些地方，至今仍有「將嬰兒放在地上」的習俗；一旦嬰孩沐浴完並以襁褓包裹之後，便儘速將嬰兒放在地上。而後，父親從地上將小孩抱起來，以表示他的感激。中國古代，「將死之人，就如新生嬰兒

142

59　校註：愛列提亞（Eileithia），生育與助產女神；達密亞（Damia），豐饒女神；奧克塞西亞（Auxeia），春天女神。

一樣，被放置在地上……出生或死亡、進入生者的家族或是進入
祖先的宗族（或離開某個家族），在那裡有一個入口，也就是他
的出生地。當新生嬰兒或將死之人被放置在地上時，對土地來
說，在這情況下的出生與死亡便是有效的，且在此情況下，他們
便有如已經完成了，並如正常一般的事實被接受。放置在地上，
這儀式包含了一種介於種族與土地之間的本質性認同。而事實
上，這樣的觀念，可以發現表達於原住民的感受中，我們在中國
歷史的初期便可發現它最強烈的感受。介於鄉土與其居民之間的
一種衷心聯繫，這觀念是一種相當深奧的信仰，至今仍保留在宗
教機構與百姓生活法則的內心深處。」[60]

　　正如嬰兒一出生就被立刻放在地上，以便他真實的母親給予
他合法的保障，並且授予他神聖的保護；所以，同樣地，嬰兒、
孩童，以及長大了的人，當他們生病時，會被放在地上（或者有
時會被埋在地裡）。象徵性地埋葬，不管是部分還是全部，都有
其相同的「法術－宗教性」意義，就如同在水中的浸禮一樣。病
人得到重生，他得以更新再生了。這樣的運作，有其抹拭罪惡或
治療身體疾病的功效（對族群來說，後者亦具同樣的危機，如犯
罪或致病）。犯罪的人被放在地上所挖的洞或溝裡，當他浮出
時，他會被說成是「從他母親的子宮裡，第二次誕生」。斯堪地
納維亞人[61] 相信這樣的解釋：女巫可以從永遠的詛咒中被拯救，

60　原註：Marcel Granet, "Le dépôt de l'enfant sur le sol", *Revue Archéologique*, 1922=
　　Études sociologiques sur la Chine, Paris, 1953, pp.192 ff., 197 ff.

61　譯註：斯堪地納維亞（Scandinavian），北歐的挪威、瑞典、丹麥人。

只要她被活埋，種子撒在她身上，而後長出農作物來[62]。

入門禮（Initiation）包含了儀式性的死亡與復活。這也就是為什麼在很多原始民族當中，新入門者（novice）被象徵性地殺掉，躺在一條溝渠裡，以葉子覆蓋住。當他從墓穴爬起來時，他看起來就像一個新人，因為他又再次被帶入生產，這一次，是由**宇宙之母直接**生出來的。

女人、大地、生育力

因此，從人的範圍來說，女人被象徵性地視為與土地是一個整體，生小孩被認為是土地生育力的一個變體。所有與創造和繁殖力有關的宗教經驗，**都有一個宇宙性的結構**。女人的神聖性，有賴於土地的聖潔。女性的生育力，有一個宇宙性的模式，也就是大地之母——宇宙之母（the universal Genetrix）。

在某些宗教中，大地之母被想成自身就具有懷孕的能力，不需要助產者。這種古代觀念的痕跡，至今在地中海一帶女神信仰中的單性生殖神話故事之中，仍可發現得到。根據赫西奧德[63]，蓋亞（即大地）[64] 賦予生命給烏拉諾斯[65]「與她相當，可以完全

---

62 原註：A. Dieterich, *Mutter Erde*, pp.28 ff.; B. Nyberg, *Kind und Erde*, p.150.

63 譯註：赫西奧德（Hesiod，編按：或譯海希奧德），西元前八世紀之希臘詩人，曾作長詩敘述希臘諸神的世系與鬥爭。

64 校註：蓋亞（Gaia），希臘神話將之位格化為大地之母。

65 校註：烏拉諾斯（Ouranos），從蓋亞所誕生之天空之神，象徵希望與未來；蓋

替代她」（《神譜》〔*Theogony*〕, 126 f.）。其他的希臘女神，
145　同樣也在沒有男神的協助下孕育生命。這是大地之母的自我充足
與生育力的一種神話性表達。這樣的祕思性概念，在各信仰中有
其對應之處，亦即女性自發性的生育力，以及她神奇的法術——
宗教能力在植物生命上所造成決定性的影響。這種被視為母系統
治的社會和文化現象，來自女人與農業之間關係的發現。是女人
第一次耕種農作物的；因而她也成了土地和農作物的擁有者[66]。
女人的法術性宗教敬仰和必然的社會優勢，具有一個宇宙性的模
式——即大地之母的角色。

　　在其他宗教中，宇宙的創造或者至少是宇宙的完成，乃是天
神和地母之間神婚的結果。這種創世神話相當廣泛普遍。尤其在
大洋洲，從印度尼西亞到密克羅尼西亞，可以發現到；而且也在
亞洲、非洲、南美洲、北美洲中出現[67]。現在，如我們所知，宇
宙創生神話故事是最顯著的典範神話故事，它為人類行為提供了
典範。這也就是為什麼人類的婚姻被視為是模仿宇宙的神聖結
合。在《廣林奧義書》（*Brihadaranyaka Upanishad*，VI, 4, 20)
146　中，丈夫聲稱：「我是天，妳是地！」甚至像《阿闥婆吠陀》

亞與烏拉諾斯結合誕生泰坦巨人族與宙斯等奧林帕斯諸神。

66　原註：J. J. Bachofen, *Das Mutterrecht*, Basel, 1861, 3rd ed., 1948; Wilhelm Schmidt,
　　Das Mutterrecht, Vienna, 1955.

67　原註：Cf. Eliade, *patterns*, pp.240 ff. 不過，值得注意的是，雖然它非常廣泛普
　　及，但宇宙的神聖結合這神話故事，卻不普遍，也並未出現在最古老的文化（如
　　澳洲、火地島人、北極地區的民族等）中。

那麼早，新郎和新娘便被理解為天與地。黛朵[68]慶祝她與艾尼亞斯[69]的婚禮，是在猛烈的暴風雨當中（《艾尼亞斯紀》〔Aeneid, IV, 165 ff〕）[70]，他們的結合與暴風雨同時發生，天擁抱他的妻子，分配豐沛的雨水。希臘人的婚禮，模仿宙斯與赫拉神祕的結合（《保薩尼亞斯》〔Pausanias, II, 36, 2〕）[71]。

跟我們的預期一樣，對於人類的結合，神明的神話故事是典範的模式。不過，還有另一個觀點是我們需要強調的，即**婚禮的宇宙性結構**，也可因而說是人類性行為的宇宙性結構。對現代社會的非宗教人來說，婚禮中同時存在著**宇宙性與神聖性**的幅度，是很難理解的。不過，正如我們一再地提醒，不可忘記的是：古代社會的宗教人視這世界充滿各式各樣的訊息。有時這些訊息藏在密碼中，而神話在此便可助人解開密碼。正如我們即將提到的，人類經驗的整體，可以對應於宇宙的生命，因而也可被聖化，因為宇宙是諸神最高的創造。

有益於農作物的嘉年華式盡情縱慾的儀式性行為（ritual orgies），同樣有一個神聖的模式——即「使其受孕之神」（Fecundating God）及「大地之母」（Mother Earth）的神聖結合。[72] 田地的肥沃多產，來自無數盡情縱慾的刺激。從某個觀點 147

68　譯註：黛朵（Dido），在希臘羅馬神話故事中，迦太基之建國者及女王。

69　譯註：艾尼亞斯（Aeneas），特洛伊戰爭中的英雄，古羅馬的建國者。

70　校註：《艾尼亞斯紀》是維吉爾的史詩代表作。

71　校註：《保薩尼亞斯》（Pausanias），公元二世紀的希臘地理學家、旅行家，著有《希臘志》（Hellados Periegesis）十卷。

72　原註：Cf. Eliade, patterns, pp.356 ff.

來說，這樣的盡情縱慾可對應於創世之前一切尚未分化的狀態。這也就是為什麼新年的慶祝中，包含了盡情縱慾的儀式：社會的混亂、性行為放縱，以及退化到創世之前毫無形式之情境的縱情狂歡等。以植物生命的層面來看創造，宇宙論的儀式性情節，一再地被重複，因為新的農作物就相當於一項新的創造。我們在新年的各項儀式中（其目的同時是時間的更新以及世界的再生）所見**更新**的觀念，重覆發生在狂歡的儀式性情節中。而這裡的縱慾行為，也同樣是一種回歸到宇宙的暗夜、回歸到形式之前、回歸到河流之中，以確保生命完全的再生，進而確保土地的多產，以及農作物的豐收。

宇宙樹與植物崇拜的象徵

　　正如我們所知，大地之母的各種神話故事與儀式，主要是表達多產與豐饒的概念。這些是宗教性的概念，從宇宙性多產所顯示出的各種面向來說，可以總結為一句話，就是生之奧祕，就是創造生命的奧祕。對宗教人來說，生命的出現，是宇宙奧祕的核心。生命來自某處，來自一個非此世界且至終還得離開之處，並以某種神祕的方法，持續地在一個絕大多數必朽者無法到達的未知之境。人類的生命並非一種介於某種虛無與另一種虛無之間的短暫顯現，在人類生命尚未存在之前已有某種前存在（pre-existence），並在人類生命終止之後仍然有某種後存在（post-existence）持續著。有關人類生命在世界之外的兩個層面，很少為人所知，但人類生命進入存在卻為他們所知。因此，對宗教人來說，死亡不是生命最終的盡頭。死亡只不過是另一種人類存在的模式。

此外，這一切乃是被轉譯於宇宙各種規律中的密碼；人只須辨識在宇宙的多種存在模式中，究竟敘述了什麼，便會瞭解到生命的奧祕。不過，有一件事無疑相當清楚：宇宙是一個活生生的有機體，會定期地更新自己。生命無窮無盡出現的奧祕，與宇宙規律性地更新密切相關。這也就是為什麼宇宙被想像成一株巨樹的形式；宇宙存在的模式，以及最重要的是它無止盡的再生能力，都被象徵性地表達於樹木的生命中。

無論如何，我們應該注意到：這一切，並非僅僅是從小宇宙到大宇宙模態的意象上的轉變而已。作為一個自然界的實體，樹木並不暗示**宇宙生命的整體**；在凡俗經驗的層面上，它的存在模式與宇宙整體的存在模式並不相同。在凡俗經驗的層面上，植物的生命僅僅展示著生與死的系列。只有以生命的宗教性觀點，才能使轉譯植物規律中的其他意義成為可能，尤其是再生、永遠長青、健康、永生等的概念。「絕對實體」的宗教性概念（可以在很多其他的意象當中，找到其象徵性的表達），也被顯示於賦予永生、無所不知、無限能力之奇妙果實的形象當中，是一個可以將人變為神的果實。

樹的意象，並非只是被選來象徵宇宙而已，它也顯示出生命、成長、永生、智慧等。除了像德國神話的尤克特拉希爾

149

（Yggdrasil，宇宙樹，編按：也譯作雨格德拉希爾）之外，還有宗教歷史記載的生命樹（如：美索不達米亞）、永生樹（如：亞洲及舊約）、智慧樹（舊約）、長青樹（如：美索不達米亞、印度、伊朗）等等。[73] 換句話說，樹木表達了每一件宗教人視之為**最優越**和**神聖**的事物；表達了每一件他對眾神的瞭解，以掌握其本質，這本質只有極少數具有特權的個人（像英雄、半神人）可以企及。這也就是為什麼追求青春、永生的神話故事中，總賦予了那些有以下意象的樹木顯著的地位：有黃金果實（譯按：即長生果或永生果）或神奇樹葉者，長在「遙不可及之地」者（事實上是在另一個世界）、為巨獸所守護者（如半獅半鷹的怪獸、巨龍、蛇）。那些為了蒐集到果實的人，必須與守護的巨獸搏鬥並擊斃牠。而這本身便述說著：我們在此有一項**英雄般型態的入門式考驗**；經過嚴酷的暴行，得勝者成為超人，幾乎是青春永駐、所向無敵，而且具有無限能力、如神般的地位。

在宇宙樹這樣的象徵中，或者永生樹、智慧樹等具有宗教性意義的植物，都被表達為具有最偉大的力量與明確性。換句話說，神聖之樹與神聖的植物，扮演了某種可見植物中所不可見的結構。正如我們先前已提到的，它揭露了宇宙最深度結構的神聖性。宇宙只有在宗教性的觀點中，呈現為一組密碼。對宗教人來說，植物各種規律的變動，同時顯示了生命和創造的奧祕，也顯示了更新、成長、永生的奧祕。可以說，所有被視為神聖的

---

73 原註：Cf. Eliade, *patterns*, pp.273 ff.; G. Widengren, *The King and the Tree of Life in Ancient Near Eastern Religion*, Uppsala, 1951.

樹木和植物（如印度的菩提樹〔ashvatha〕），對於原型的具體化身、植物的典範形象的事實來說，都擁有其特權地位。另一方面，促使某種植物被注意、被種植的，正是它的宗教性價值。根據一些文件，我們今日正在栽培的所有植物，本來都被視為是神聖的植物。[74]

所謂植物崇拜，並非依靠凡俗、「自然」的經驗，譬如與春天，或與植物的再度復甦有關係。相反地，世界的更新（重新開始、重新創造）的宗教性經驗，先於春天，而且證實了春天是自然界復活的意義。這就是宇宙建基於春天的宗教性意義與定期性再生的奧祕。同樣的，接下來的植物崇拜儀式，所強調的常常不是春天的自然現象及植物的出現，而是宇宙奧祕的「預兆」（prophetic sign）。一群群的年輕人，儀式性地拜訪自己村莊的房子，並且展現綠枝、花束與小鳥。[75] 這就是**植物性生命即將復甦的記號**，是這奧祕已被完成的見證，是春天馬上就要來臨的見證。而且這些儀式，多半是發生在春天的自然現象之前的。

151

對大自然的「剔除神聖」

正如我們前面說過的，對宗教人來說，大自然從未只是純粹

74　原註：A. G. Haudricourt and L. Hedin, *L'homme et les plantes cultivees*, Paris, 1946, p.90.

75　原註：Cf. Eliade, *Patterns*, pp.316 ff.

的自然。對自然作根本地「剔除神聖」的經驗，是最近的發現；甚至於，這是一項只有少數現代社會中的人才有的經驗，尤其是科學家。對其他人來說，自然仍舊顯示出某種誘惑、奧祕與權威來，這對古代宗教的價值痕跡解碼上是可能的。沒有一個非宗教的現代人對大自然的誘惑可以毫無感覺。我們所關心的，不只是屬於自然界中的美學、娛樂或健康保健的意義，還有某種困惑、幾乎無可言喻的感受，但無論如何，在這種感受中，總可以使我們認出那些被貶抑之宗教經驗的記憶來。

舉個明確的例子，來說明大自然之宗教意義的各種改變與退化，應該是有意義的。我們採自中國的例子，其理由有二：（1）在中國，一如在西方，對大自然「剔除神聖」的，只是少數人，尤其是讀書人；（2）不過，在中國及整個遠東中，「剔除神聖」的過程卻從未被帶入最終的極限。甚至對那些最詭辯的文人來說，「對美的沉思」都仍保有宗教魅力的氣氛。

自十七世紀以來，在陶藝上作林園設計，便成了中國文人雅士的時尚。這些器皿裡頭裝滿水，水面石上散布花草，點綴屋舍、寶塔、橋樑、人物等小模型；這樣的造景，安南人 [76] 稱它們為「小山」（Miniature Mountains），中南半島上的人（Sino-Annamese）則稱它們為「人造山」（Artificial Mountains）。這些名稱本身，即表達了一種宇宙論的意義；正如我們所瞭解的，

---

76 譯註：安南人（Annamese），越南舊名安南，在法國殖民時期結束以前，越南人亦被西方人稱為安南人；1945 年獨立以後改稱越南，安南與安南人的舊名不再使用。

因為山就是一種宇宙的象徵。

　　然而，這些成為美的對象的迷你林園，擁有一段悠久的歷史，甚至在史前時期已有，它們顯示了某種對這世界深刻的宗教感。他們的祖先就是這器皿，裡面芳香繚繞的水再現著海洋，高山突出其間。這些物品的宇宙性結構相當明顯。奧祕的要素也同樣呈現於海中央的高山，它就象徵著一種道教仙人中的樂園──蓬萊仙島。是故，這裡有著某種看似**獨立的世界**、微觀的世界，文人在自己的房子內設置了這樣的世界，以便凝聚玄妙之氣，藉由冥思默想，**以便能重建與這世界的和諧關係**。這滿布坑洞的假山造景，各種對於洞穴的民間傳說，在這些林園山水的建築結構中扮演著一個相當重要的角色。洞穴，是神祕的潛修之地，是道教仙人的居所以及入門受教的地方。它們象徵著仙境，因而並不容易進入（關於「窄門」的象徵，我們將於下一章再回頭探討）。

　　然而，在這整個綜合體中──山、水、樹、洞等，在道教中扮演一個不容忽視的角色──卻是一個更古老之宗教概念的最好發揚，也就是：結合了「**圓滿**」（山、水）與「**隱居**」（solitude），因此成為至福仙境的縮影。不過，這完美的福地洞天，卻是古老而無法追憶的聖界，在中國，每逢春回大地之際，少男少女們相遇，輪流地為幽會吟詠合乎禮儀的頌歌。要預測這原初仙境的持續意義是可能的。在最古老的年代裡，它是一個享有特權的空間，是一個遺世獨立、被聖化了的世界，在那裡，年輕男女定期地相會，以參與生命及宇宙化育的玄妙。

道教修行者（the Taoists）接收了這個古代的宇宙論圖像（山、水），並加以發揮，使它成為一個更為豐富的綜合體系（山、水、洞穴、樹木），進而將它縮至最小的規模；這也就是一個仙界的縮影，在其中，藉著和庸碌世界分離，而在其默觀中，道教修行者獲致神祕力量的灌注、潛心入定。

這個遺世獨立世界的神聖性，在斟滿了象徵的蓬萊仙島的器皿與覆蓋物中，仍舊可以辨識出來。這個綜合體，對十七世紀的那些文人來說，在將它們轉變為藝術品之前，仍有冥想之作用，正如迷你林園在最初所提供的冥想作用一樣。

然而，值得注意的是，我們從未見證這世界的全然「剔除神聖」，因為在遠東地區，所謂的「美感」（esthetic emotion），仍然具有其宗教幅度，甚至在知識分子中間亦然。不過，這個小林園的例子所顯示給我們的方向，以及對這世界「剔除神聖」的意義，卻已被證實了。我們只需想像一下，像這樣的美感，有可能在現代社會中形成嗎？而我們也必須明白，對宇宙神聖性的經驗，是如何可能變稀薄和轉化，直到它變成了純粹的人類情感——也就是，為藝術而藝術。

其他的宇宙聖顯現象

對於空間的論述，我們只能討論到某些大自然之神聖性的面向。很多宇宙聖顯的現象，必須被跳過。譬如，我們因而無法

在此討論到日、月的象徵與儀式，也無法討論到石頭的宗教性意
義，以及動物的宗教性角色等等。各類宇宙聖顯的現象，都表達
了某種大自然中獨特的神聖性結構；或者更精確地說，透過宇宙
中的各個存在模式，神聖的樣態便彰顯在其中。譬如，我們只有
從分析各種有關石頭的宗教性價值，來瞭解作為「聖顯」的石頭
如何向人類顯示自己，顯示了力量、堅硬與恆久不變。石頭的聖
顯，是最卓越的一種本體顯現（ontophany）；最重要的是，石
頭，一直維持它自己原來的樣子，不會改變；它對於人類的衝擊
在於它所具有的不可還原性以及絕對性；藉由石頭，它給人顯示
了對於存在的不可還原性及絕對性的類比。因著感受到宗教經驗
的力量，石頭的特定存在模式，為人揭露了某種「絕對存有」、
超越時間、無懈可擊的本質。[77]

　　以同樣的方法，進行各式各樣對於月亮的宗教體悟的快速分
析，可以發現人們對於月亮的律動，作了所有的解譯。透過月
亮的週期，亦即它的生、死和復活，人類同時體悟到自己在宇宙
中的存在模式，以及自己得以倖存和再生的希望。透過月亮的
象徵，宗教人開始比較眾多看似無關的事實，並至終將它們整
合在單一的系統中。甚至有可能，藉由月亮律動的宗教體悟，
才使得原始人體悟到人與宇宙間的綜合意義（anthropo-cosmic
syntheses）成為可能，這是人類第一個偉大的綜合體悟。正是月
亮的象徵，讓人能夠將各樣異質性的事物連結起來。譬如：出

156

77　原註：論「聖石」的部分，請參閱 Eliade, *Patterns*, pp.216~238.

生、成長、死亡及復活；河流、植物、女人、生育力及不朽；宇宙的黑暗、生前的存在、死後的生命——這幾樣事物都與月亮一樣，不斷地再生（不斷地出離黑暗，進入光明）；編織（「生命有如絲線」的象徵）、命運、無常與死亡；還有其他等等。

普遍來說，週期、二元論、兩極性、對立與衝突，以及衝突的和解、對立的統一性（coincidentia oppositorum）等，大部分觀念都是憑藉月亮象徵的意義而得以發現或闡明。我們可能甚至須在與存在模式相關的「真理」的堅固體系中，來談及月亮的形上學，尤其是對活生生的受造物，以及在宇宙中分享了生命的一切眾生，都會變化、生長、消逝、死亡與復活。因為我們不能忘記，月亮顯示給宗教人的，不只是死亡牢不可破地與生命環扣在一起而已，更重要的還是，**死亡不是終結，死亡之後總是伴隨著新生**。[78]

月亮藉宇宙變化的過程，賦予人宗教意義的體悟，並讓人類得以與死亡和解。而太陽，則相反地，顯示出不同的存在模式來。太陽沒有變化；雖然太陽一直在移動，但它總是維持不變；它的樣子始終相同。太陽的聖顯，象徵著自主性與能力，象徵著獨立主權，也象徵著智慧的宗教價值。這也就是為什麼在某些文化中，我們會看到他們一步步地把至上神給「太陽神化」（solarization）的過程。如我們所知，各種天神逐漸從一般宗教中消失，但在某些地方，天神的結構與勢力仍存留在太陽神

78　原註：參閱 Eliade, *Patterns*, pp.154~187.

（solar gods）裡，尤其是在歷史上已扮演著重要角色的高度發
展的文明國家（如埃及、希臘化的東方、墨西哥）。

　　很多英雄神話故事是以太陽為其結構的。英雄被比作太陽；
他就像太陽一樣，對抗黑暗，降至死亡的陰府，並且得勝凱旋
歸來。黑暗，不再像月亮的神話故事一樣，是神聖的存在模式之
一；取而代之的是，黑暗象徵一切神的「**不是**」，所以是頭號的
敵對者。黑暗的意義已不再被體會成是宇宙生命中必須要有的一
段期間；以太陽宗教的觀點來說，它與生命、形式、理智相反。

　　在某些文化中，太陽神的光顯（luminous epiphanies）成為
理智的記號。最後，由於**太陽和理智**被等同與增大到了某種程
度，使古代末期以太陽為主的混合主義神學，變成了理性主義
的哲學；太陽被宣稱是世界的理智，而馬克羅比烏斯[79]視所有
東方希臘世界的神都在太陽中，從太陽神阿波羅（Apollo）和
羅馬神話故事中的朱比特（Jupiter），到古埃及主掌冥界之神
歐西里斯（Osiris）和太陽神荷魯斯（Horus），還有希臘神話
故事中的阿多尼斯（Adonis）等（《羅馬狂歡節》〔*Saturnalia*,
I, ch. 17~23.〕）。在凱撒大帝的詔書《論太陽王》（*On the
Sun King*）中，一如普羅克洛[80]的《太陽頌歌》（*Hymn to the
Sun*），太陽的聖顯賦予了「理念界」（ideas）地位，而宗教情

79　譯註：馬克羅比烏斯（Macrobius），古羅馬作家，約活動於公元四世紀前後，
　　但其作品現已失傳。
80　校註：普羅克洛（Proclus, 412-485），新柏拉圖主義哲學家。

感在這段長時間的理性化過程中，幾乎完全消失了[81]。

對太陽聖顯的這般「剔除神聖」過程，只是眾多類似過程中的其中之一，透過對這整個宇宙作如此般的運作，至終，宇宙的宗教內涵將會全然喪失。然而，我們說過，大自然的徹底俗化是個事實，但只限於一小部分的現代人，也就是那些全無宗教感的人。儘管基督宗教在宇宙和生命的宗教意義的體會上，已有深度和全面的改變，但這並不意味是在拒絕這些宗教意義。宇宙生命的整體，仍然可以某種神聖的解碼被體驗到，這可以在基督徒作家像布盧瓦（Leon Bloy）[82]的作品中呈現出來，他寫道：

> 不管生命是在人類當中、在動物當中，還是在植物當中，他總歸是「生命」，而當我們難以理解的那一瞬間來到時，亦即所謂死亡來到時，所有的死亡都好像是耶穌死去，不管是樹木或人類都一樣。

---

81 原註：參閱 Eliade, *Patterns*, pp.124~153.

82 校註：布盧瓦（Leon Bloy, 1846-1917），法國天主教作家。

第四章

————— · —————

人的存在與聖化的生活

對世界開放的存在

　　宗教歷史學者的終極目標，乃為瞭解宗教人的行為及心靈世界，並使他人也能瞭解。這不是件容易的工作。對現代世界而言，宗教可以說是生命及世界觀（Weltanschauung）的形式，基督宗教可作為這方面的代表。

　　透過相當程度的努力，西方學者至多能有一些機會去熟悉古代的宗教觀，甚或某些較大的東方宗教，如印度教或儒家。然而，雖然這種拓寬他們宗教視野的努力是值得讚賞的，卻可能無法將他們帶得更遠；希臘、印度、中國，並未以大量經典文獻，將西方智識分子帶到那些既複雜又高度發展之宗教領域之上。瞭解這些神聖經典的某一部分，或熟悉某些東方或古典的神話故事和神學，並不足以瞭解宗教人的整體心靈世界。這些神話的表達和神學，只有過分地被學者的長篇大論所引用而已；但即使如此，精確地說，這些被長篇指出的神話故事和神學，並不是經典的宗教（如猶太教、祆教、基督教、伊斯蘭教），而是擁有經典（如印度、中國）或至少曾被受敬重的天才作家（如希臘的荷馬）所影響的宗教。

　　為獲得一個較寬廣的宗教觀，多熟悉一些歐洲民族的民間傳說會更有幫助；從他們的信仰和習俗，以及他們對於生死的態度中，很多古代宗教的情境至今仍可辨識得出來。研究歐洲的農村社會，可為瞭解新石器時代之耕作者的宗教世界提供一些基礎。在很多例子中，歐洲農民的一些習俗和信仰，反而比古希臘的神

163

164

話文獻更能呈現文化的古代情況。[1]的確,大部分歐洲農村的居民,已被基督教化超過千年。但他們卻成功地合併了相當多基督宗教之前,已然不復記憶的上古時期宗教遺產。但如果基於這個理由說歐洲農夫不是基督徒的話,那就錯了。我們必須承認,他們的宗教並不受制於基督宗教的歷史形式,而仍然保有一種宇宙性的結構,儘管此結構已幾乎完全被城市基督徒所屏棄。然而我們可以說,這是一種原始的、非歷史性的基督宗教;歐洲農人成為基督徒時,已將他們原先從史前時代就已保存下來的宇宙性宗教的信仰,納入新的信仰裡了。

但就一個宗教歷史學者而言,想要瞭解、同時要使人瞭解所有宗教人的存在情境,這個問題卻更為複雜。整個的宇宙,遠遠超過農業文化的邊界,而延伸至真實的「原始」世界,也就是屬於游牧民族的牧人、圖騰信仰的漁獵者,以及那些仍然處於採集食物及小規模打獵階段的各民族的生活領域。要瞭解宗教人的心靈世界,我們首先應考慮這些原始社會的人。現今對我們而言,他們的文化就算沒有斷然脫軌的現象,也似乎是不尋常的;無論任何例子都不易掌握。然而,要瞭解一個外人的心靈世界,沒有其他方法會比將自己全然投身於他們當中,進入他們核心,以便由此進展到他們所具有的全部價值,來得更好了。

一旦我們把自己放在古代社會宗教人的觀點裡頭,我們很快就會發現:**這個世界存在著,因為它是諸神所創造的**,而且,世

165

---

1   原註:這就譬如 Leopold Schmidt 的研究發現,參 *Gestaltheiligkeit im bäuerlichen Arbeitsmythos*, Vienna, 1952.

界自身的存在，即**意指著**某種訊息、**想要說出**某種訊息，也就是說，這個世界既不是沉默的，也不難以理解，它不是一個遲鈍的事物而毫無目的與意義。對宗教人而言，這個世界不但是「**活的**」，而且「**在說話**」。宇宙的生命證明了自己的神聖性，因為它是諸神所創造的，而諸神也透過宇宙生命向人類顯現他自己。

這就是為什麼，文化的某個階段開始時，人類把自己構想為一個小宇宙。人類成了諸神創造當中的一部分；換句話說，他發現自己也有相同的神聖性，如同他認知到宇宙的神聖性一樣。接著，他發現他的生命可以對應於宇宙生命；宇宙作為一個神聖的作品，成了人類存在的典範之像。

舉些例子：我們已經知道，婚禮被視為是天與地之間的神聖結合（hierogamy）。但在一些耕種者中間，土地與女人的對應性卻相當複雜。女人被聯想為土壤，種子被聯想為有生育力的精子，而農耕工作則被比喻為夫婦的結合。《阿闥婆吠陀》（XIV, 2, 14）說：「這個女人好像成了活的土壤，男人啊，播種給她吧！」「你們的女人就如你們田地一樣。」（《古蘭經》〔*Koran*, II, 225〕）一個不孕的王后悲傷地說：「我好像一塊無法生長作物的田地！」相反地，在十二世紀的聖歌中，童貞女瑪利亞被讚美為：「未被耕作的土地，長出了果實。」（terra non arabilis quae fructum parturiit.）

我們要瞭解一個人的存在情境，應知道這一切的對應關係，都是「經驗性的」，而非只是「概念」（ideas）。很顯然，在人類生命中有一個附加的幅度；不只是人性，同時還是宇宙性

166

的，因為它有著超人性的結構。此超人性的結構，可稱之為一種開放性的存在，因它不受制於人類的存在模式。（我們也知道，原始民族把自己的存在模式，定位在各種神話故事所顯示的超人性層面上。）

宗教人（尤其是原始民族）的存在，是向世界開放的；生活中，宗教人從不是孤立的，他屬於世界的一部分。但我們不能如黑格爾所說的，原始人「被埋在自然裡」，或者說他尚未發現自己與自然的區別。

一個印度人擁抱他的妻子，並宣稱她是地，自己是天，在此同時，他完全清楚他與妻子都是人。一個南亞民族的耕種者，就像其他農業文化一樣，使用同樣的字，lak，來稱陰莖和鑱子，將種子比作男性的精液，但他完全知道鑱子是使用的工具，是他在田地用一些技巧來耕種的工具。換言之，宇宙性的象徵，**賦予**某個東西或行動一個新的價值，而不影響到它們原來特有的、直接的價值。向世界開放的存在，不是毫無意識地活在「被埋在自然裡」。對世界的開放，能使宗教人從對世界的認識中來認識自己，而且這個認識對他來說，非常寶貴，因為這是宗教性的，它屬於存有。

167

生命的聖化

上述的例子，有助我們瞭解古代社會中的人所採取的觀點；

對他們來說，整體生命能夠是被聖化的存有。引致聖化的方法很多，但其結果卻總是一樣的：生命是活在一個雙重的平面上，人性的存在有其自身的過程，而同時，生命也分享了超人性的生命，也就是宇宙或諸神的生命。或許，在那遙遠的過去，不但所有人類的器官和生理經驗，還有他一切的活動，皆有其宗教意義。這是可以理解的，因為人類一切的行為，皆是諸神或文化英雄在彼時（in illo tempore）所建立的；他們設立的，不只是各種工作或各種獲得食物的方法，還有做愛的方法、表達思想情感的方法等等，更甚地，還有一些看來並不重要的活動，也是如此。

澳洲卡拉杰里[2]民族的神話故事中，有兩個文化英雄採取一種特殊姿態來小便，而今此民族的人，仍模枋這個典範的姿態來小便[3]。不用說，這與他生命經驗的凡俗層面毫無關係。對非宗教人來說，所有的生命經驗，不管是性行為或吃東西、工作或活動，都已被「剔除神聖」了。這意味著所有的生理活動，其精神意義已然喪失，因而他們真實的人性向度也喪失了。

就算暫且不論這種生理活動是否模枋神聖模式的宗教意義，人體的器官及功能，早已與各種宇宙領域及現象聯想在一起，而體悟到了宗教意義。我們已經知道一個典型的例子：女人被聯想為土地、大地之母，性行為被視為天地的神聖結合及播種。但在人與宇宙之間所建立的無數對應關係中，其數量是非常龐大的。

2　校註：卡拉杰里（Karadjeri，或 Karadjari 、Garadjui、Guaradjara），澳洲西北部瀕臨印度洋沿岸及鄰接內陸一帶的原住民族。

3　原註：Cf. Ralph Piddington, "Karadgeri Initiation", *Occania*, III, 1932~1933.

其中一些對應關係，似乎是心靈自發性的必然結果，就好比：眼睛對應於太陽，或兩隻眼睛對應於太陽與月亮，或頭骨對應於滿月圓；或者還有：呼吸對應於風、骨頭對應於石頭、頭髮對應於草地等等。然而，宗教歷史學者還碰到一些其他的對應關係，而這些對應關係預設了一個更具發展性的象徵體系，譬如「大、小宇宙」（micro-macrocosmic）之間對應關係的完整體系。在這個例子中，腹部或子宮被比作洞穴、腸子被比作迷宮、呼吸被比作編織、靜脈與動脈被比作太陽與月亮、脊椎骨被比作宇宙軸（axis mundi）等等。

當然，所有這些人體與大宇宙的對應關係，都未被原始人記載下來。一些「人與宇宙」（man-universe）對應的體系，只在某些高度發展的文化（如印度、中國、古近東、中美洲）裡，才被充分地運作。然而，他們的出發點卻早已在遠古文化中呈現出來。原始民族已顯示給研究者許多「人與宇宙」（anthropo-cosmic）對應的非凡而複雜的體系，而這樣的複雜性，證實了人類思索的無窮能力。這個例子，可以在法屬西非洲的多貢[4]民族中看出。[5]

我們特別關心這些「人與宇宙」之對應，因它們可提供各種存在情境的解碼。我們說過，宗教人活在一個開放的世界中，而且，他的存在也向世界開放。這表示宗教人能達到一種連續而無

4　校註：多貢（Dogon），西非的馬利中部高原往南至布吉納法索一帶的原住民族。

5　原註：參 Marcel Griaule, *Dieu d'eau. Entretiens avec Ogotemmeli*, Paris, 1948.

170 　窮盡的經驗，可稱之為宇宙性的經驗。而且，這樣的經驗總是宗教性的，因為世界是神聖的。

　　我們若要瞭解這樣的經驗，必須牢記：生理上各種主要的作用，皆能成為聖事（sacraments）。飲食是一種儀式，而食物也被各種宗教和文化賦予了不同的價值。食物的原料被視為是神聖的，或是神的禮物，或是供給諸神身體的祭品（如印度）。如我們所見，性生活也被儀式化，因而也對應於神的行動——即天地的神聖結合。有時，婚禮被賦予了個人、社會和宇宙三方面的價值。例如：奧馬哈人[6]中，村莊被分割成兩半，分別被命名為天與地。訂立婚姻盟約，只能在兩個異族中尋找另一半，而且每個新的婚姻，都是重複原初的神聖結合（hieros gamos），即天與地的結合[7]。

　　為「人與宇宙」之對應關係做這樣的描繪，尤其是生理生活的聖事化，保留了所有人類的生命力，甚至是在高度發展的宗教中亦然。為了再舉一個例子，我們只須想到在印度密教裡，已權威性地將性結合作為儀式。印度精確地說明了：生理行為如何被轉化成儀式性的，並且當儀式結束時，同樣的行為又是如何被體悟成有意義的神祕的技藝。在《廣林奧義書》（*Brihadaranyaka*
171 *Upanishad*）中，丈夫叫喊著：「我是天，妳是地」，接著，他的太太便轉變成為吠陀的神聖祭台（VI, 4, 3）。但在密教中，當男人被等同為純淨的、無情的、安祥的濕婆神（Shiva）時，

6　譯註：奧馬哈（Omahas），居住在美國內布拉斯加州東北部的印地安人。

7　原註：參 Werner Müller, *Die blaue Hütte*, Wiesbaden, 1954, pp.115 ff.

女人則是以降生的帕拉克利堤[8]或夏克堤[9]為結束。

　　性的結合（maithuna）尤其重要的是，它乃是宇宙的自然力量（nature-energy）和靈魂（spirit）這兩個本質的整合。正如密教文獻所表達的：「真實的性交，是最高神夏克堤與阿特曼（atman，靈魂）的結合，其他的性交只是世俗性與女人的關係」（《密續義海》〔*Kūlārnava Tantra*〕, V, 111~112）。不再有任何生理活動上的問題存在，而是一個神祕的儀式；性伴侶也不再只是人性存在而已，他們就像諸神一樣，各自獨立而自由。密教文獻中，從不厭倦於強調肉體經驗所發生的轉變，「藉由那些導致某些人在地獄中被焚燒數千年之久的相同行徑，瑜珈修行者獲得了他永恆的解脫。」[10]《奧義書》[11]已清楚地說明：「那個雖然好像犯了罪的人，他知道他是純潔的、清白的、永恆的、不朽的。」（V, 14, 8）換句話說，「那位知者」，他掌握到一種全然不同於凡俗人的經驗。差不多可以說，每一個人性經驗都可以被轉化，活在一個不同的、超越人性的層面上。

8　校註：帕拉克利堤（Prakriti），自然界的原質，印度哲學的核心概念之一，因原質的三大特性－創造、延續、毀壞，故能產生自然界的各種生成變化；在某些脈絡中，帕拉克利堤被理解為是宇宙中陰性力量的根源，從而被位格化為不同名稱的女神。

9　校註，夏克堤（Shakti），或作沙克提、沙克蒂，宇宙的創造能量，也代表女性生殖力的根源，從而被位格化為印度教性力派所崇拜的神祇，亦有類似大神母的形象。

10　原註：參閱 Eliade, *Yoga, Immortality and Freedom* (N.Y.: Pantheon Book, Bollingen Series LVI, 1958, pp.262~263, 411~412.) 一書的文獻，及瑜珈死後世界的例子。

11　譯註：《奧義書》（*Brihadāranyaka Upanishad*），印度古老文獻《吠陀》聖典的最後一部分。

172　　　這個印度的例子，在某種程度上，顯示了各器官神祕而精煉
的聖事化過程，以及生理活動可以到達的聖事化過程，這聖事化
過程早已在所有的古文化層面上，得到充分的印證。我們還應進
一步說明：性行為被體悟成有意義，成為參與神聖的手段（在印
度，它或許是一種獲取絕對自由的超人性狀態的方法），但它並
非毫無危險。在印度，密教就提供了偏離正道機會與不名譽之儀
式。在原始人的世界也是如此，儀式的性行為，已然被添加了很
多狂歡的形式。但儘管如此，這個例子仍然保留了它挑動色情的
價值，因為它顯示了某種不再是被「剔除神聖」了的社會可以到
達的經驗，而是一種被祝聖之性生活的體驗。

身體－房子－宇宙

　　我們已經可以瞭解到，宗教人活在一個開放的世界中，而且
也向世界開放。這具有雙重意義：（1）宗教人與諸神持續在交
往中；（2）宗教人分享了世界的神聖性。宗教人只能活在開放
的世界中，這在我們分析神聖空間的結構時已可明瞭；人渴望居
住在一個中心，在那裡，人擁有與諸神共融的可能性。

　　他的居所是一個小宇宙，同樣地，他的身體也是一個小宇
宙。「身體、房子與宇宙」之間的對應關係，很早就呈現出來
了。我們必須多少關注於下列所要舉的這個例子，因為這個例子
173　正可說明：古代的宗教情感和宗教習俗的各種價值，是如何能被

後來的各種宗教，甚至是各種哲學所重新解釋。

　　在印度人的宗教思想中，這項傳統的「身體、房子與宇宙」之間的對應關係，被應用得相當廣泛。理由很清楚：在上述分析中，身體就好比宇宙，是一個「場所」（situation），是一種由個人承擔、具有決定性作用的系統。人體的脊柱被比作宇宙軸（skambha），或比作須彌山；呼吸就好比是風（或「風神」，Winds）；肚臍或心臟被等同為世界的中心⋯⋯等。

　　而且，這些對應關係也在人類的身體和整個儀式之間被建立起來；祭獻處所使用的用具和作法，被比作各種生理作用和器官。人類的身體禮儀性地與宇宙或吠陀祭台（即世界肖像）對應了起來；同樣，人類的身體也被比作是房子。在哈達瑜珈（hatha-yogic）文獻上提到：人類身體是「一個有一根柱子和九扇門的房子」（《郭拉洽百頌》〔*Goraksha Shataka*, 14〕）[12]。

　　上述的一切足以說明：人類在此典範情境中有意識地建立自己，就跟過去一樣，是命定的，人類將自身宇宙化；換句話說，他在人性的範圍上，重現了一套有規律，而且互相具有決定性作用的體系，這套體系具有世界的特質，也建構了這世界；簡言之，人類即是在此典範情境中，去界定每一個小宇宙。這樣的對應關係反過來說也是一樣的：論及廟宇或房子，它們也同樣被視

174

12　校註：哈達瑜珈（hatha yoga），哈（ha）在梵語為太陽，達（tha）為月亮，兩字結合意為力量；印度最早的瑜珈修行派別以此命名其瑜珈修行法門，主要是以規律的呼吸與身體鍛鍊為主，尚結合斷食、閉氣等苦行方法來修鍊以達到自我淨化；郭拉洽被認為是哈達瑜珈的開創者，《郭拉洽百頌》是闡述該派瑜珈修行法門的最早文本之一。

為人體一般。圓頂的「屋眼」應用在很多建築學的傳統上。[13]

有一個值得強調的事實，所有這些對等的像──宇宙、房子、人體──都扮演著一個向上的開啟，或者能被理解為一個向上的開啟，以使通向另一世界的通道成為可能。這種向上的開啟在印度的樓塔產生了，他們稱之為梵天的隙縫（brahmarandhra，指頭頂的部位）。這個詞界定了人體頭蓋骨頂端的開啟，這在印度教瑜珈修行者（yogico-tantric）的方法中，扮演著一個重要的角色，透過它，靈魂可以在死亡的那一刻飛出去。從這項關係中，我們亦可附帶提及，瑜珈信徒打破死者頭蓋骨的這項習俗，乃是為了促成死者靈魂離去。[14]

與印度這個習俗相對的，在歐洲和亞洲也有一些廣為流傳的信仰與之對應，亦即死者的靈魂乃經由煙囪或屋頂離開，尤其是經由屋頂上方「神聖之處」[15]離開。在一些瀕死痛苦特別長的情況中，會從屋頂上移開一個或多個瓦片，或甚至於將整個屋頂打破。這個習俗的意義相當明顯：**如果「身體、宇宙」的另一肖像，也就是房子，在其上方打破開個洞，則死者的靈魂將更容易離開他的身體**。這些經驗對非宗教人而言，顯然是無法體會的，不只因為死亡已被「剔除神聖」了，而且還因為他不再活在一個

175

---

13 原註：Cf. Anandà K. Coomaraswamy, "Symbolism of the Dome", *Indian Historical Quarterly*, XIV, 1938, pp.34 ff.

14 原註：Eliade, Yoga, p.423; 亦見 A. K. Coomaraswamy, *loc. cit.*, p.53, n.60.

15 原註：在某些歐亞民族的習俗中，那個神聖空間的地方，就相當於「中心柱」，因而也扮演著一個「世界中心」的角色。參見 S. G. Ränk, *Die heilige Hinterecke im Hauskult der Völker Nordosteuropas*, Helsinki, 1949.

具有適切宇宙觀的世界中，也不再意識到他所擁有的身體和所居住的房子具有相同的意義，共同呈現出宇宙中的存在性情境。

值得注意的是，印度保存了「身體與宇宙」間對應性的神祕詞彙，特別是頭蓋骨與尖頂或圓頂的對應性。基本的神祕經驗是「超越人的限制」，這表達了一個雙面的意象：打破屋頂、並飛出去。佛教文獻中提到阿羅漢「御風而行，突破聖殿的屋頂上飛」，祂「以自己的意志力飛翔，突破並穿越房子的屋頂，御風遨遊」[16]等等。這些生動的說法，可以有兩種層面的解釋：從神祕經驗的層面來說，具有某種「出神」狀態，使靈魂可藉由（穿越）「梵天的隙縫」離開肉體飛翔；從形而上的層面來說，則是廢除這個受限制的世界。不過，阿羅漢的飛行所具有的這兩層意義，都表達出一種本體論層面的突破，並從某種存在模態穿越到另一個模態中；或者更精確地說，是從一個受限制的存在，穿越到不受限制的存在模式，也就是完全的自由。

176

大部分的古代宗教，飛行意味著到達一個超人（如：神明、巫師、靈魂）的存在模式；從上述的分析中，當人可以自由地到達任何地方，也可因而說是處於神靈的專屬情境中。以印度人的思想而言，阿羅漢「打破房子的屋頂」御風而行，這象徵性地顯示出：他已經超越了這宇宙，到達了一個看似矛盾甚至不可思議的存在模態、絕對自由的模態（無論以什麼名稱，大致可稱為涅槃或無為〔asamskrita〕，三摩地〔samadhi，或三

16　原註：參閱 Eliade, *Mythes, reves et mysteres*, pp.133 ff.

昧〕，俱生〔sahaja〕等稱呼）。從神話學的層面來看，超越這世界的典範姿態，已在佛陀的宣告中得以闡明：他已「打破」（break）宇宙蛋、打破「無明的外殼」（shell of ignorance），並達到「佛的神聖而普世的尊崇」（the blessed, universal dignity of Buddha）。[17]

　　這個例子顯示了永恆生命的重要性，而這永恆生命是顯示在與人類住處結合的各種古代象徵之中。這些象徵表達了各種原始的宗教情境，不過，這些象徵有改變自身價值的能力，它們能夠被豐富地賦予新的涵義，並且進入愈來愈複雜的思想體系中。人住在身體內，也同樣住在房子內，或住在這個他擁有自身受造的宇宙內（參閱第一章）。一切合法的、永久的情況，都坐落在宇宙中，在這個世界上，在這個被完美地組織起來，因而可被模仿的典範模式——創世——之中。住在某個地方、聖殿、房子、身體，所有這些住處，一如我們所知，都是宇宙。不過，每一個宇宙都保持開放，無論這個觀念是如何在各色文化中被表達出來（如：聖殿之眼、煙囪、煙孔、梵天的隙縫等等）。這宇宙就是一個人住在身體內、房屋內、族群部落內、或整個世界中，或以此方式，或以另一種方式，向上與超越這世界的另一個層面共融。

　　在非宇宙性的宗教中，有可能發生像印度後來發生的佛教，

17　原註：Suttavibhanga, "Parajika", I, I, 4, discussed in Paul Mus, "La notion du temps reversible dans la mythologie bouddhique", *Annuaire de l'Ecole pratique des Hautes Etudes, Section des Sciences Religieuses*, Melun, 1939, p.13.

它（直接）向更高的層面開放，而不再呈現人類通往超人境界的通道，取而代之的，是（直接）表達出超越界、廢除這宇宙，達到絕對的自由。在佛陀擊破宇宙蛋或阿羅漢穿破屋頂所呈現的哲學意義，與從地上沿著宇宙軸或經由煙囪達至天堂所呈現的古代象徵之間，有一個極大的不同。很多象徵皆有表達本體論的突破及超越界的能力，不過事實上，印度人選擇了穿破屋頂的這個原型之像，則同時保存了印度人的哲學及印度人的神祕主義。這意味著：印度人找到了以毀滅房屋的圖像，亦即毀滅這個自己撰擇來居住的個人宇宙，來表達超越人類的限度。任何一個被選擇來定居的地方，從哲學的層面來說，就相當於一種人類所承擔下來的存在性情境。而擊破屋頂的意象，則意指一個人廢除自己的「所有處境」、拒絕定著於此世，而選擇了絕對的自由，對印度人的思想而言，這意味著對一切受限制之世界的滅絕。

　　對當代的非宗教人如何同時隸屬於自己的身體、自己的房子及自己的世界，無需長篇大論地分析其價值，就可以意識到這些人與前述討論過的原始的和東方文化大大地不同了。正如現代人的住所，已喪失了宇宙論的價值，同樣，他的身體也沒有宗教或精神性的意義。以一個總結性的準則來說，對現代的非宗教人，宇宙變得晦澀難解、無生命力、沉默；它不能傳送訊息，也不能給予記號。對自然的神聖感受，今日仍存留於歐洲，尤其是歐洲鄉村的居民，因為基督宗教在他們當中是活生生的，就好像宇宙的禮儀仍然存在。

　　至於工業社會的基督宗教，和尤其是智識分子的基督宗教，

178

已長期地失落了在中世紀時還仍保有的宇宙論價值。但我們必須補充的是，這不意味著城市的基督宗教變得退化或低劣，而只是都市人的宗教感被大大地掏空了。宇宙性禮儀，亦即自然界參與基督論劇情的奧祕，對活在現代社會的基督徒而言，已變得遙不可及。他們的宗教經驗不再向宇宙開放。從上述分析中，這樣的經驗完全是私人的經驗；救贖只是關係到個人與其神的問題；充其量，人類最多是認知到他不僅對上帝有責任，也對歷史有責任罷了。不過，在人類－上帝－歷史的關係中，卻沒有宇宙的位置。由此觀之，即便是為一個真誠純正的基督徒來說，世界都已不再被認為是上帝的作品。

通過窄門

我們剛剛所說的一切，亦即關於「身體即房子」的象徵，及「人與宇宙」之間的對應性話題，實在無法把這主題的豐富性說盡；我們必須限制自己只探討其中部分觀點。「房子」，因為它同時是「世界之像」（imago mundi），也是人的身體的翻版，因而在儀式和神話故事中扮演著重要的角色。某些文化中（如原始時期的中國、伊特魯里亞[18]等），喪葬的墳墓便是製造成房屋

---

18 校註：伊特魯里亞（Etruria），或伊斯特拉坎（Etruscan），義大利中部的古代城邦文明，為羅馬人征服義大利之前在地更古老的文明，存續期間大約在公元前九世紀至六世紀。

的樣子，且在上方有一個開口，允許死者的靈魂進出。[19]而這個 　180
墳墓以某種方式，也成了死者的新「身體」。然而，以帽子外
型的墳墓為例，它還是來自於一個神話祖先可以到訪的房子；而
且，在此房子－墳墓－帽子的關聯性中，太陽可以在夜晚躲藏、
隔天清晨再度出現[20]。因此，在不同的「通道」模式之間，有著
結構性的對應關係，也就是從黑暗到光明（太陽）、從人類種族
存在之前到種族的彰顯（神話祖先）、從生命到死亡乃至死亡之
後新的存在（靈魂）。

　　我們一再強調這個事實：所有的宇宙形式，包括宇宙、聖
殿、房屋、人的身體等，都具有一「向上的開啟」。這個象徵意
涵，現在愈來愈清楚了；這道開啟，使得從某種存在模式到另一
種存在模式、從某種存在情境到另一種存在情境的「通道」成為
可能。通道，注定了一切宇宙的存在。人從生前通向生命，並最
終通向死亡；正如神話祖先從存在前通向存在，以及太陽從黑暗
通向光明一般。我們必須注意到，這個通道的型態，是一個更為
複雜之體系的一部分，這體系的一些主要特質，我們在討論月亮
是宇宙變化的原型、植物是宇宙更新的象徵，以及尤其是儀式性
地重複宇宙創生的各種途徑時，已經分析過了；換言之，這典範
「通道」已從實質上的轉變為形式上的。必須補充說明的是，通

19　原 註：C. Hentze, *Bronzegerat, Kultbauten, Religion im altesten China der Chang-Zeit*, Antwerp, 1951, pp.49 ff.; id, in Sinologica, III, 1953, pp.229~239 and Figs. 2~3.

20　原 註：C. Hentze, *Tod, Auferstehung, Weltordnung. Das mythische Bild im altesten China*, Zurich, 1955, pp.47 ff. and Figs. 24~25.

181 　道的所有儀式與象徵，都表達了某種人類存在的獨特概念：當一
個人誕生之時，他還尚未完全，必須經過第二次、靈性上的出
生；從不完美、胚胎的狀態，通向完美、成人的狀態，如此他才
成為一個完全的人。一言以蔽之，可以說人的存在透過一系列的
「通過儀式」，簡言之就是一連串的入門禮，而達到圓滿。

　　我們還應進一步討論入門禮的意義與作用。我們將在「通
道」的象徵這裡停留片刻，宗教人以自己熟悉的環境及日常生活
來理解這「通道」，譬如他的房子、他上班時所走的路線、所穿
越的橋樑等等。這個象徵甚至呈現在他的住處的結構中。如我們
所知，上方的開啟，意味著向上升至天堂，也意味著對超越界的
渴望。「門檻」，不只是專指外頭與裡面的邊界而已，還是從一
區域到另一區域之通道（即從凡俗到神聖）的可能性（參閱本書
第一章）。然而，特別的是，「橋樑」和「窄門」的圖像，卻提
供了一個危險通道的概念，而且基於這個理由，這些圖像經常出
現在入門禮、葬禮及神話故事之中。入門、死亡、神祕性的出神
狂喜、卓絕的真知、猶太基督宗教的「信仰」（faith），這一切
都相當於從某種存在模式進入另一種存在模式的通道，而且帶來

182 一種真實的本體轉變。要示意這個吊詭的通道（因為它總是意含
著某種「突破」及「超越」），不同的宗教傳統已經產生了「危
橋」或「窄門」之象徵的豐富應用。伊朗人的神話故事中，欽
瓦特（Cinvat Bridge）橋便是亡者在往後旅程中必須穿越的「通

道」[21]；對正義之士，這座橋有九枝長矛之寬，但對壞人，它卻成了有如「剃刀之刀鋒」般的狹窄（《祆教大全》〔*Dinkart*, IX, 20, 3〕）。欽瓦特橋之下，置有地獄深深之陷阱的入口（《祆教律令》〔*Videvdat*, 3, 7〕）。而神祕主義者，總是在他們的出神之旅，穿越這座橋樑達至天堂；譬如，正義之士（Ardā Vīrāf）的靈魂可以通過這座橋[22]。

　　聖保祿（保羅）的神視，呈現一座連接我們這世界與天堂之橋，「窄如一根頭髮」。同樣的圖像，也發現於阿拉伯的作家與神祕主義者的作品中，這座橋「比一根頭髮還細窄」，並且連接了人間至星空及天堂。正如基督宗教傳統中，罪人不得穿過它，還被擲入地獄中。中世紀的傳說，訴說著一座「水下之橋」，以及英雄蘭斯洛[23] 必須赤手空拳穿越的刀劍之橋，它「比鐮刀更尖銳」，而且穿過它必以「極大的痛苦」。在芬蘭人的傳統中，有一座覆蓋著針、釘子、剃刀之刀峰的橋，穿越地獄；就有如薩滿出神一般，死者在其旅程中便利用它來到達另一個世界。類似的描述，實際上在全世界各地都可以發現到。[24] 不過，重要而值得注意的是，當同樣的意象成了表達形上學知識以及信仰（以基督宗教來說）之爭議的難題時，它仍然持續地被使用。「剃刀尖銳

183

21　譯註：中國神話中，死者靈魂至陰間需喝「孟婆湯」通過「奈何橋」，亦有藉此通道進入另一世界之意。

22　原註：參閱 Eliade, *Le Chamanisme*, pp. 357 ff.

23　校註：蘭斯洛（Lancelot），亞瑟王傳說中圓桌騎士團成員之一。

24　原註：參閱 Eliade, *Le Chamanisme*, pp. 419 ff.; Maarti Haavio, *Vainamoinen, Eternal Sage, Helsinki*, 1952, pp.112 ff.

的刀口，難以穿越，艱難之路在此啊——詩人宣稱」（《石氏奧義書》〔*Katha Upanishad*, III, 14; tr. Hume〕；《十三原理奧義書》〔*The Thirteen Principal Upanishads*, p.353）。「那導入生命的門是多麼窄，路是多麼狹！找到它的人的確不多。」[25]

　　這幾個入門禮、葬禮，以及橋和門的形而上象徵，已經以某種方式顯示出日常生活及這個「小世界」（包括有生活用具的房子、日常的行為與姿態等等）可以被體悟出宗教及形而上層面的意義。這些我們熟悉的日常生活，被宗教人所轉化；在其中，宗教人處處可見其密碼。甚至在他最習以為常的舉止行動上，都能示意出靈性的作為。道路、行走，都能被轉化成宗教性的意義，因為每一條路，都可以象徵「生命之道」，而每一個步伐，也都可以象徵成一種「朝聖」，象徵走向宇宙中心的歷程。[26]

　　如果擁有一棟房子，表示確保在這世界中的穩定情境，那麼對那些聲言放棄自己房子的朝聖者和苦行僧，便是以他們的「行腳」（walking），以他們不止息的活動，來宣告他們想要離開塵世的渴望，表明他們拒絕任何俗世的情境。房子是個「窩」，而「窩」，一如《二十五品梵書》（*Pancavimsha Brahmana*, XI, 15, 1）所說的，意味著群眾的聚集、成群的孩童，以及「家」；一言以蔽之，它象徵著家族、社會及謀生的生活方式。那些已然選擇「追尋」那條通往「中心」之路者，必須放棄所有的家庭和社會的情境，放棄所有的「窩」，並且將自身完全奉獻於通往終

184

25　《聖經・瑪竇福音》（馬太福音），7：14。
26　原註：參閱 Eliade, *Patterns*, pp. 430 ff.

極真理的「步行」上，而所謂的終極真理，以高度發展了的宗教來說，與「隱藏之神」（the Hidden God: the Deus absconditus）同義。[27]

通過儀式

長久看來，各種「通過儀式」（rites of passage）一直在宗教人的生命中扮演著一個相當重要的角色。[28] 當然，最為突出的通過儀式，青春期的入門禮可作為代表，亦即從一年齡層通往另一年齡層（從孩童或青春期通往青年期）。不過，還有一些通過儀式，像出生、結婚、死亡，以及堪稱是每一種包含著入門禮意義的實例都是，因為它們各個都包含著一種本體上及社會性的徹底改變。當一個小孩出生，他只有一個生理上的存在，尚未被他的家族所認定，亦未被團體所接納。正是出生後立即舉行的儀式，賦予這個嬰兒一個真實「活人」的地位；而且唯有憑藉這些儀式，他才成為這個現存團體的一分子。

婚禮上還有一種通道，是從一種社會宗教團體進入另一團體的。年輕的丈夫離開單身漢的團體，從此成為一家之主的團體的一分子。每一個婚姻都必然包含著張力與危險，因而也促成了某

185

---

27 原註：參閱 Ananda K. Coomaraswamy, "The Pilgrim's Way", *Journal of the Bihar and Orissa Oriental Research Society*, XXIII, 1937,Part IV, pp.1~20.

28 原註：參閱 Arnold van Gennep, *Les rites de passage*, Paris, 1909.

種危機；這就是為什麼需要舉行通過儀式的原因。希臘人稱婚姻為「聖化」（telos，consecration），而婚禮則是「聖事」（the mysteries）。[29]

至於死亡，則因它不只是「自然現象」（生命或靈魂的離開肉身），還因它同時是本體論的和社會性狀態的改變，而更顯得複雜；亡者必須經歷某種有關他自己來世命運的痛苦考驗，而且必須被亡者團體所認定，並被他們所接納。為某些民族來說，只有儀式性的埋葬可以證實死亡；根據習俗，一個人未被埋葬表示他還沒死。在一些地方，死亡則不被認為是有效的，直到葬禮舉行完成之後，或者直到死者的靈魂被儀式性地引至他在另一世界的新居所，並且已被死者團體所接納。

對非宗教人而言，出生、結婚、死亡，都是只關係到個人與其家庭的事件而已；或者偶然地，在國家元首或政治領導人物的例子中，則是些具有政治性影響力的事件罷了。在非宗教性的生命觀點中，所有這些「通道」都已失去了儀式性的特色，也就是說，它們所意指的，僅僅在於可見的具體事實上，像出生、死亡，或者正式被認定的兩性結合。不過，我們必須重複一點：整體生命中徹底的非宗教經驗，很少是在單純的狀態中被發現的，甚至是在最為俗化的社會中亦然。或許，像這樣一個完全非宗教

186

29　譯註：這個英文字 mystery 是由希臘字 musterion 音譯而來的。早期基督宗教新約聖經由希臘文翻譯為拉丁文時，將此字或音譯為 mysterium，或義譯為 sacramentum（英譯為 sacrament），這字的中譯名詞為「聖事」。因此，現在基督宗教各東方禮的教會都仍以 musterion 稱「聖事」。

的經驗，或多或少會在遙遠的未來中愈來愈普遍；不過，就現在而言，仍然是很少。我們在凡俗世界中發現了對死亡、結婚、出生的徹底俗化；不過，我們很快就會看到，在那些廢除了宗教習俗和甚至是某種宗教性的鄉愁中，其實還保留了一些含糊的記憶。

就一般的入門禮而言，會將青春期年齡層的入門禮與加入祕密社群的慶典，作一適當的區分。這兩者最重要的不同在於下列這個事實：所有的青少年都被強迫參加某個年齡層的入門禮；反之，只有特定數目的成人可以進入那個祕密社群。青春期入門禮的習俗比祕密社群的習俗還來得悠久，這似乎是確定的；它被廣泛地散播，且被記載在最古老的文化層面中，譬如澳大利亞人和南美洲南端火地島（Fuegians）附近的民族。我們無須在此描述在他們的網絡中的所有入門慶典。我們所關心的，是顯示出**入門禮在人的宗教組織中所扮演的主導性角色**，以及更特別的是，入門禮在本質上，是在於新入門者在**本體地位上的全然改變**，甚至在古老的文化階段中亦然。這個事實對於我們瞭解宗教人來說，似乎最為重要；它顯示出：原始社會中的人並不認為自己「已經完全」了，正如他發現自己在存在的自然層面上是「被給予的」。以嚴格的意義來說，要真正成為一個人，他必須向第一次（自然）的生命死去，並且向更高的生命重生，而這更高的生命，同時是宗教性的、也是文化性的。

換句話說，原始人的理想人性，是希望到達他可以安置的超人層面上。這意味著：（1）一個人無法成為一個完全人，直到

187

他已經超升，而且以同樣的觀點來說，他已廢除了「自然的」
人性，到達死亡的超然經驗和復活或第二次出生的超然經驗；
（2）入門禮，乃是由眾神、文化英雄或神話祖先所定的，必須
承擔痛苦的考驗，以及象徵性的死亡與復活；因此，這些禮儀具
有一種超越人的起源，而且藉著執行這些儀式，新入門者模仿超
人、神明的行為。重要而值得注意的是，它再次顯示出：宗教人
想要成為另一他者（wants to be other），更甚於他在「自然的」
層面上所找到的自己，而且宗教人試圖依照各種神話（祕思）所
呈現給他的理想意象，來塑造自己。原始人試圖到達一個「宗教
的完美人性」，而且他的努力，已經包含了後來在已開發社會中
所運作的所有倫理課題的根源。顯然地，在現代的非宗教性社會
中，入門禮已不再像宗教性活動般的存在。但我們後來將會看
到，入門禮的「各種類型」仍然保留，雖然當代世界明顯地在
「剔除神聖」。

188

入門禮現象學

　　入門禮通常包含了三方面的啟示：神聖的啟示、死亡的啟
示、性的啟示。小孩子對於這些經驗一無所知，但「入門者」
（the initiate）卻知道而且擔負起這些經驗來，並將他們的新人
格注入到這些經驗中。在此，我們還要加上：如果新的入門者死
於他的幼稚、凡俗、未更新的生命，而重生於一種新的、聖化過

的存在，那他也讓重生於一種可以學習、獲知的存在模式成為可能。「入門者」不只是一個新生或復活的人而已，還是一個認知者、學習過奧祕者、在本質上擁有形而上之啟示者。當他在荒地中受訓的期間，他學習神聖的奧秘，即：闡述諸神及世界起源的各種神話（祕思）、諸神的各種真實稱謂、入門慶典中所使用的各種儀式性工具的角色和起源（如：繫繩旋轉即鳴的牛吼器、包皮環割用的火石刀）。「入門禮」相當於靈性的成熟。而且在人類的宗教歷史中，我們不斷地發現這個主題：「入門者」，是一個經驗過奧祕的人，是一名「知道者」（he who knows）。

189

　　各個地方的慶典儀式，開始時是把受試者和他的家人分開，並且有一段在叢林中隱居的時期。在此，已經有一個死亡的象徵；森林、叢林、黑暗，象徵著「化外之地」（the beyond）、「地獄般的區域」。在某些地方還相信會有一隻老虎跑來，背負受試者進入叢林中；這隻老虎乃神話祖先的化身，入門禮的師父（master）引導男孩到地底下的世界。另外有些地方，則相信新入門者會被怪獸吞到肚子裡。在怪獸的腹內，有個宇宙性的黑夜；而這，便是生存的胚胎性模式，同時具有宇宙性層面和人類生命的層面。在很多地方，叢林中還搭建入門禮用的小茅屋。在這裡，新的入門者會經歷一部分痛苦的考驗，並且接受部落中神祕傳統的教導訓練。現在，這個入門禮用的小茅屋，象徵母親的子宮[30]；而入門者象徵性的死亡，則意味著回歸胚胎時期的狀

30　原註：R. Thurnwald, "Primitive Initiations- und Wiedergeburtsriten", *Eranos-Jahrbuch*, VII, 1950, p.393.

態。但這個意義不能只用人類心理學中的術語來理解，還有宇宙性術語的意義；胎兒狀態，就相當於暫時回歸近乎（virtual）宇宙之前（precosmic）的模式。

其他的儀式，則說明了入門禮死亡的象徵。在某些民族中，新的入門者被埋葬，或被放在最近挖掘的墳墓裡。或者，他們被覆蓋著樹枝，就像死人一般，一動也不動地躺在那兒。或者，他們被塗上一種白色的藥粉，使他們看起來就像魔鬼一般。此外，新的入門者模仿鬼魂的行為；他們不用手來吃東西，而直接用牙齒咬，因為他們相信死者的亡魂是這麼做的。最後，他們經歷折磨，當然，這些折磨有很多的意義。還有下列這個意義：他們相信折磨與戕害新的入門者，乃是被掌控入門禮的師父惡魔，也就是神話祖先，所折磨、斬碎、煎熬或嘲弄的。這些生理的痛苦，相當於一個人被老虎惡魔所「吞滅」的情形，相當於在入門禮巨獸的胃內被斬碎，又在牠腹中被消化的情形。這些戕害（如：打毀牙齒、切斷手指等等），同樣也包含了一種死亡的象徵。它們多半與月神有關。月亮週期性的消失——也就是死亡——三夜之後又再生。月的象徵，便是強調**死亡是所有祕性再生之開端的概念**。

除了一些特殊手術（如包皮環割與半切割），以及一些入門禮的戕害之外，其他的外在記號，如紋身或留下疤痕，皆象徵死亡與復活。至於祕思性再生的象徵，它以很多不同的形式出現。應試者們被重新取了新的名字，且這個名字將成為他們往後的真實名稱。有一些部落假定這些年輕的入門者完全遺忘了他們先前

的生活；當他們一入門後，便如同對待嬰兒一般，給他們餵食，盡心引導他們，並重新建構所有的行為模式，就像對待嬰兒一樣。通常他們在叢林中學習另一種新的語言，或至少是某種神祕性的字彙，除了入門禮外，其他一切都被禁止。明顯地，隨著入門禮而來的一切，都成為新的了。

有時，再生的象徵透過一些具體的做法來表達。譬如有些班圖人（Bantu）民族，在男孩行割禮之前，他被這儀式叫做「再度出生」（being born again）。[31] 他的父親獻一隻公羊，並於三天後用動物的胃部薄膜和皮膚包裹男孩。但在作此動作之前，這個男孩應先放入被窩裡，像個嬰兒般哭泣；他在羊皮內維持三天。同一民族，他們亦是以羊皮，並以嬰兒般的姿勢來埋葬死者的。神祕性再生的象徵，藉由儀式性地穿上動物皮而獲得的例子，同樣可以在高度發展的文化中得到證實（如：印度、古埃及）。

在各種入門禮的劇情中，幾乎可見關於「生」的象徵都伴隨著死亡的象徵一起出現。在入門禮的脈絡中，死亡意味著穿越凡俗，穿越未獻祭的情境，也就是穿越沒有宗教經驗、靈性盲目之「自然人」的情境。入門禮的奧祕，逐步地顯示給新入門者各種真實的存在向度；經由引導他進入神聖，迫使他擔負起成為一個人所伴隨而來的責任。在此，我們擁有一個最為重要的事實：對所有的古代社會而言，通往神聖之路，皆可發現為死亡與新生之

191

192

---

31 原註：M. Canney, "The Skin of Rebirth", Man, No. 91, July 1939, pp.104~105.

象徵的表達方式。

男人的社群與女人的社群

　　進入男人社群的各種儀式，使用同樣的痛苦考驗與入門禮劇情。不過，如我們前面所說的，男人社會中的成員已經包含了某種選擇性；並非所有經歷了青春期入門禮的人，都將會進入這個祕密社群，即使他們可能各個都希望如此[32]。

　　舉個例子來說，非洲的曼德嘉[33]族及班達[34]附近，有一個祕密社群叫納可拉（Ngakola）。根據在他們入門禮期間告知應試者的神話故事，納可拉是一隻巨獸，牠有吞噬男人然後吐出，而使他們得以更新的能力。應試者被放入一個象徵巨獸身體的小茅屋裡。在那裡，他會聽到納可拉所發出令人毛骨悚然的聲音；在那裡，他被鞭打、受煎熬，因為他被告知他此時正在納可拉肚子裡，而且正被消化著。接下來將更為痛苦；掌控入門禮的人接著

32　原註：參閱 H. Schurtz, *Altersklassen und Mannerbünde*, Berlin, 1920; O. Höfler, *Kultische Geheimbünde der Germanen*, I, Frankfurt-am-Main, 1934; R. Wolfram, *Schwerttanz und Mannerbund*, I-III, Kassel, 1936 ff.; W. E. Peuckert, *Geheimkulte, Heidelberg*, 1951.

33　校註：曼德嘉（Mandja，或：Mandija、Manja），中非共和國中部地區的原住民族。

34　校註：班達（Banda），遍布於中非共和國、剛果、喀麥隆、南蘇丹一帶的原住民族。

宣布,吞食了應試者的納可拉,已將他吐出來。[35]

另一個象徵被巨獸吞入肚子裡而死亡的實例是,巨獸的象徵 193
在青春期入門禮中,扮演著非常重要的角色。再次重申,為進入
一個祕密社群,各式各樣的儀式,是對應於各種青春期入門禮的
每一個層面,包括隔離、入門的嚴格考驗與折磨、死亡與復活、
授予新的名字、教授神祕的語言等等。

還有一些入門禮是為了女孩和女人而進行的。無須期待在這
些女性的儀式和奧祕上,會發現同樣的象徵,或者更精確地說,
我們不必期待有相同的象徵性表達方式,和那些在男性組織或團
體中所發現的一樣。不過,有一個極易覺察的共同要素:所有這
些儀式與奧祕的基礎,總是一個有深度的宗教經驗。這是**通往神
聖之路**,一如它顯示給負起女性特質之身分來的女人,即:同時
構成了女性入門儀式與女人的祕密社群的這兩個目標。

入門禮始於首次月經來潮。這個生理性的表徵強加了一道突
破點,女孩從她所熟悉的世界被強迫移除;她立即從團體中被隔
離、分開。這樣的隔離發生在一個特殊的小屋裡、叢林中,或在
一個房子的黑暗角落裡。這位經期中的女孩被強迫維持一個獨特
而且相當不舒服的姿勢,並且必須避免將自己暴露在陽光下,也
不可以讓任何人接觸。她穿著一件特別的服裝,或者指派給她的
一個記號或顏色,而且必須只能吃生食。

沒有日光的隔離與隱蔽處,在叢林的一個黑暗小屋中;這令 194

---

35 原註:E.Andersson, *Contribution à l'ethnographie des Kuta*, I, Uppsala, 1953, pp.264 ff.

人聯想到被隔離的男孩在森林或關禁閉於小屋裡的入門性死亡的象徵。然而，不同在於：女孩們之間，隔離直接發生於她初經來潮後，因此這是個別性的；反之，男孩們被隔離乃是群體性的。這個不同，在於女孩結束其童年有其生理性特徵顯示的這一事實上。無論如何，在這段時間過程中，女孩們組成一個團體，然後她們會由一些充當她們教師的老女人，集體性地啟發她們。

至於女人的社群，總是與生產和繁殖的奧祕有關連。生小孩的奧秘，也就是說，女人發現**她在生命的層面上是一個創造者**，而這，構成某種宗教經驗，是不能被轉譯為陽性的措辭方式的。這使得何以生產會出現神祕的女性儀式，理由非常清楚；這些儀式，有時也是真實奧祕崇拜的複雜社群組織得以出現的機緣。這些奧祕崇拜的社群，甚至在今日的歐洲仍然保有其痕跡。

一如男性社群的實例，女性團體被發現有著各式各樣的形式，在其中，祕密和奧祕都逐漸增加。剛開始時，每個女孩和年輕的新婚婦女都可參加一般性的入門禮；這逐漸地也產生出女性社群的機制來。接下來，女性的神祕團體形成了，譬如在非洲，或在古代封閉的酒神女侍（Maenads）的團體。這種型態的女性神祕團體，長久以來正逐漸消逝中。我們只須想到中世紀的女巫及她們儀式性的集會即可瞭解。

死亡與入門禮

　　入門的象徵和儀式性地被巨獸吞食，同時在「入門禮」及「英雄神話故事和死亡的祕思」中，扮演著一個極為重要的角色。回歸腹部洞穴的象徵，總是具有某種宇宙論的價值。它是讓整個宇宙與新入門者，象徵性地回歸到宇宙的夜晚，以便能重新被創造，也就是「再生」。誠如本書第二章所述，宇宙的創生神話故事會因著醫療性的目的而被誦讀。為了獲得醫治，疾病的受害者必須被帶至「第二次的誕生」，而誕生的原型模式，就是宇宙創生。時間的運作必須被中止，緊接著創世之前的黎明時刻必須被重整；從人的層面來看，這也就等於是恢復存在的「空白頁」，是絕對的開端，此時，沒有任何一樣東西被汙染、被毀壞。

　　進入巨獸的腹部──或是象徵性的被埋葬，或是關在入門小屋裡的禁閉──相當於回歸到原初的沒有分別，回歸到宇宙的夜晚。而從腹中、黑暗小屋或入門的「墓穴」中誕生，則相當於一種宇宙創生。入門的死亡，重述著典範地回歸混沌，以便使宇宙創生的重複，也就是預備新生命的誕生成為可能。回歸混沌有時是字面上的，譬如：在對未來巫師的入門性疾病的案例中，常被視為是真正瘋狂的發作。事實上，這裡有一徹底的危機：有時會導致人格上的分裂。[36] 這個心理的混沌，同時是凡俗人經歷毀滅

196

36　原註：參閱 Eliade, *Le Chamanisme*, pp.36 ff.

死亡的記號，也是一個新人即將誕生的記號。

我們可以瞭解到，何以相同的入門禮圖像，包括痛苦、死亡和復活（即再生），皆能在所有的奧祕中發現，不只是青春期的儀式，連進入祕密社群的儀式亦然；還有，何以相同的劇情能在震撼的內在經驗中被破解，而此內在經驗乃是先於神祕的使命之前的（如原始民族中，對未來巫師的入門性疾病）。我們尤其可以瞭解到：原始社會的人已藉由把死亡轉入一「**通過儀式**」而克服了死亡。換句話說，對原始人而言，人的死去，是死於某些「非本質性的」、向凡俗的生命之死去。簡單地說，死亡，**被視為是最終極的入門禮，亦即被視為是一種新的靈性存在的開始。**不僅如此，出生、死亡和重生（即再生），被認為是一個奧祕的三個時分（moments），整個古代人的靈修的成果，即被用來顯示這三個時分之間，必定沒有間斷。人不能只停留在此三個時分中的其中任何一個。活動、生產是持續不斷的。人不斷地重複執行宇宙創生此一典範的建造，以確定他所生產製造的是好的，譬如小孩，或房子，或靈修使命等等。這也就是為什麼入門禮的儀式，總是呈現出宇宙創生的價值來。

「第二次出生」與靈性的再生

入門禮的劇情——向凡俗情境死去，接著向神聖世界或諸神世界重生——同樣在高度發展的宗教中，扮演著重要的角色。舉

個印度祭獻上著名的例子。它的目的在於獲得死後的天堂，即居住於諸神中或進入神的層次。換句話說，透過祭獻，參與者為自己創造了一個超人性的情境，一個可與古代入門禮相對應的結果。此刻，獻祭者首先須由神職人員所祝聖，而且這個開始的迪克夏[37]，在結構上帶來了生產的入門象徵；確切地說，這個開始的祝聖，儀式性地轉化了這位獻祭者進入胚胎中，並使他第二次誕生。

有長篇詳述這些對應系統的文獻，藉由獻祭者經歷某種「回歸子宮」，回到母胎，及接下來的新生[38]。譬如在《愛達羅氏梵書》（*Aitareya Brahmana*）中意義重大的通道，便寫到：

> 神職人員（用迪克夏）祝聖，並使他再度進入胚胎內。他們用河水點灑；這河水便是種子……他們引導他到祝聖過的小屋；這祝聖過的小屋便是已祝聖的子宮；他們如此而真實地引導他進到自己的子宮裡……他們給他蓋上一件衣服；這衣服便是胎衣……在這之上，便是黑色的羚羊皮；而這胎盤就是在胎衣之上……他合上自己的手；而埋在裡面的胚胎便真實在他合起來的手中；

198

37　校註：迪克夏（diksha，或 diksa、deeksha），印度宗教的祝聖儀式。

38　原註：Sylvain Lévi, *La doctrine du sacrifice dans les Brahmanas*, Paris, 1898, pp.104 ff.; H. Lommel, "Wiedergeburt aus embryonalem Zustand in der Symbolik des altindischen Rituals" in C. Hentze, *Tod, Auferstehung, Weltordnung*, pp.107~130; Eliade, Birth and Rebirth, pp.53 ff.

用這合起的手，小孩誕生了[39]……在經過被鬆開了的黑色羚羊皮之後，他落至決定性的澡盆裡；因而胚胎從胎盤釋放而誕生了；他帶著衣服降落；因此這小孩出生帶著胎衣。（I, 3; trans. A. B. Keith, *Rigveda Brahmanas*, pp.108~109.）

神聖的知識，引伸為智慧之義，被視為是入門禮的成果，且它意含生產的象徵，我們發現，古印度和希臘二者的意識覺醒便與此象徵有關。蘇格拉底有極充分的理由，將自己比喻為一名助產士，因為事實上，他幫助人類產生自我意識；他接生「新人」。同樣的象徵也在佛教傳統中發現。佛教僧侶放棄他的家族姓名，而成為「佛陀（釋迦）的兒子」（sakya-putto），因為他「誕生於眾聖人（ariya）之間」。所以迦葉尊者（Kassapa，或 Kasyapa、Kashyapa）曾說他自己：「那位神聖的自然之子，生於他的口，生於教義（教旨），為教義（教旨）所塑造」等等。（《相應部》〔（*Samyutta Nikaya*, II, 221, trans. in A. K. Coomaraswamy, "Some Pali Words", p.147.〕）

入門的誕生，意味著向凡俗存在死去。這個圖像在印度教和佛教中被保留了下來。瑜珈的修行者「死於此生」，以便重生於另一種存在模式，亦即由於解放而呈現出來的存在模式。佛陀曾教授死於凡俗人類情境 —— 亦即奴役與無明

39　原註：有關合手的宇宙論象徵，請見：C. Hentze, Tod, *Auferstehung, Weltordnung*, pp.96 ff. and passim.

（ignorance）——之路和方法，以便重生於自由、喜悅和涅槃的自在（nonconditionality）。從印度人的用語來看，「入門的再生」有時會令人聯想到初學者透過入門禮而獲得的「新身體」。佛陀自己宣告這點：「更甚地，我已顯示給我的信徒們此方法，藉由他們這個身體（此身體乃由四要素所組成）之外，產生另一種心靈創造的身體，亦即所有肢體和身體各部位皆得圓滿，且擁有超越機能（諸根圓滿〔 abhinindriyam 〕）的身體。」[40]

再生或重生的象徵，如同通往靈性之路，被亞歷山大學派的猶太教和基督宗教所接收，並賦予其價值意義。斐羅[41]大量地應用重生這個主題，來談論更高生命層次（即靈性生命）的誕生（如：參閱 *Abraham* 20, 99）。以聖保祿（保羅）的口吻，他稱之為「屬靈的兒子」，即因信仰所生下的兒子。「我保祿致書給在共同信仰內作我真子的弟鐸。」[42]「為我在鎖鍊中所生的兒子敖乃息摩來求你。」[43]

無須強調聖保祿「由於信仰所生的兒子」及「佛陀的兒子」，或蘇格拉底「所接生的人」，或原始人之入門禮的「再生者」等的差異。這些差異是顯而易明的。一者是儀式本身的力量，亦即古代社會中新入門者的「被殺」與「復活」，正是因著儀式的力量，轉化了印度的獻祭者進入「胚胎」中。佛陀，則相

200

---

40 原註：《中部》（*Majjhima-Nikaya*），II, 17 (trans. Lord Chalmers, Pt. II, p.10); cf. also Eliade, Yoga, pp.165 ff.

41 譯註：斐羅（Philo），猶太史學家，約生於公元前 13 年，死於公元 50 年。

42 《聖經・弟鐸書》（提多書），1：4。

43 《聖經・費肋孟書》（腓利門書），10。

反地，是由他的「口」生出來，亦即藉由傳授他的教義（佛法，dhamma）「所生」，此乃憑藉教義所啟示的終極知識，這教義能引導信徒通過涅槃的門檻，因而誕生為一新生命。再者，就蘇格拉底的部分來說，他聲稱自己所做的，不過是運用助產士的技巧；他協助「生下」（deliver）每個人內在深層生命中的真人。就聖保祿而言，情況又不同了，他是因著信仰，亦即憑藉基督所建立的奧祕，而生育「屬靈的兒子」。

201　　　從一個宗教到另一個宗教，從一個知識或智慧到另一個，第二次出生的這個古老課題，被豐富了許多新的價值，這些新的價值有時甚至會深深地改變了經驗的內涵。但即使如此，有一個共同的要素、不變的要素，仍還保留著。它可被界定為如下：通往靈性生命之路，總是伴隨著於凡俗情境中的死亡，而後接著新生。

現代社會的聖與俗

　　雖然我們已經論述過入門禮及通過儀式，但這主題仍未盡述；我們所做的，少到只比提到一些本質性的觀點多一點而已。而且到目前為止，透過少數篇幅對入門禮所作出的決定性討論，我們已然忽略了整體系列的「社會性宗教情境」（socio-religious conditions），而這對瞭解宗教人來說，是非常重要的。例如，我們並未討論到統治者、巫師、神職人員、武士等等。事實上，

這本小書必然是概要，而不完整；它所呈現的只是對這一巨大的主題的快速引論。

這是個巨大的主題，因為如我們所知，它不僅關係到宗教歷史學者、人種學者（民族學者）、社會學者，還有政治與社會的歷史學者、心理學者、哲學家等。要認識宗教人所呈現的情境，瞭解他們的心靈世界，簡言之，乃是在增長我們對人的一般性知識。真的，原始社會及古代文明之宗教人所呈現出來的大部分情境，已經長期地被歷史遺留在後面了。但這些情境尚未消失到毫無蹤跡，它們讓我們成了今日的樣子，因此，它們終究形成了我們歷史的一部分。

如我們之前所說的，宗教人在世界上採取一種獨特的、典型的存在模式，而且，儘管有無數的「歷史性的宗教形式」（historico-religious forms），這個典型的模式總是可以辨識得出來。無論他所在之處的歷史性脈絡如何，宗教人總是相信有一絕對的真實，即：神聖者（the sacred）是超越世界，又在世界當中顯示自己，因而聖化了世界，使世界成為真實的。宗教人更進一步相信，生命有一個神聖的起源，而且人類之所以得以實現他所有的潛能，便是依據這種宗教性，也就是參與了真實。諸神創造人和世界、文化英雄完成了創世工程，而所有這些神與半神人之作為的歷史，皆被保存在神話故事裡。經由再實現神聖的歷史，經由模仿神的行為，人使自己安置並維持與諸神的密切性，亦即安置並維持在真實而有意義的狀態裡頭。

在這世界上的此種存在模態，以及非宗教人的生活方式，其

202

217

203　一切區分是顯而易見的。首先，非宗教人拒絕超越性，而接受「實體」的相對論，甚且可能懷疑存在的意義。在過去許多偉大的文化裡，也並非完全沒有非宗教人，且古代文化中也不是不可能存在這樣的人，雖然迄今尚無他們明顯存在的證明。不過，也只有在西方的現代社會中，非宗教人才發展地如此徹底。現代的非宗教人採取一種新的存在情境；他認為只有自己才是歷史的主體與代理人，並拒絕所有向超越者的訴求。換句話說，他認為人的情境可被理解為各種不同的歷史情境，在人的情境之外，沒有其他人性的模式。人塑造他自己，而且，唯有把自己與這世界「剔除神聖」之後，他才能完全塑造出自己。神聖對他的自由是一大阻礙。唯有當他被徹底地「剔除神聖」，他方能成為自己。在沒有殺死最後一位神之前，他沒有真正的自由。

　　去討論這個哲學的立場，並非我們的責任。根據上述的分析，我們只評述：現代的非宗教人採取一種悲劇性的存在方式，但他所作的生活方式抉擇，並非沒有其偉大之處。不過，非宗教人是宗教人的後裔，而且不管他喜歡與否，他還是宗教人的成果；他的形成，源自於他的祖先所採取的情境。簡言之，他是「剔除神聖」之後的結果。

　　就如同即便宇宙是神的作品，大自然仍是宇宙逐漸俗化之後
204　的產物；凡俗之人亦是將人類生活方式「剔除神聖」之後的結果。不過，這表示非宗教人已藉由與他的祖先對立、藉由倒空自身所有的宗教性和超越人性的意義，塑造了他自己。他認識自己，乃是按照他從他祖先的「迷信」中「釋放」和「淨化」自

己而出的。換句話說，雖然凡俗人被倒空其宗教意義，無助於保存一絲一毫宗教人行為的痕跡；然而，他將會如何呢？他會是一個繼承者。他無法全然廢除他的過去，因為他是他自己過去的產物。雖然他藉著一系列的否定和拒絕來塑造自己，卻仍不斷地被他所棄絕和否定的實體所糾纏。為了獲得屬於他自己的世界，他已把這個他祖先活過的世界「剔除神聖」了，但是這麼做，使他不得不抱持某種與早期行為模式相對立的態度，但此行為模式仍持續而有情感地，以某種形式呈現給他，隨時預備好在他最深沉的存在中再次實現。

因為，如我們之前說過的，即使在這最「剔除神聖」的現代社會中，非宗教人處於（破除迷信的）淨化狀態中，其實是一較為罕見的現象。大部分的「非宗教人」（the "irreligious"）仍然具有宗教性傾向，縱使他們並未意識到這個事實。我們不只提到了現代人很多的迷信和禁忌，這些迷信和禁忌都有其「法術－宗教性」（magico-religious）的結構。而且，自以為、並宣稱自己是非宗教性的現代人，仍然保留了豐富而加以偽裝的各種祕思（神話）及退化了的儀式。正如我們早先時指出的，隨著新年而來的節慶，或隨著建造新房子的節慶，即使俗化，仍然展示了更新的儀式性結構。同樣的現象，亦伴隨著婚禮、小孩的誕生、獲得新職務或社會性晉升等等，均可以看得到。 205

需得用一大冊子，才能好好地記錄下現代人的祕思（神話），記錄下他們在各樣享樂的活動及各樣閱讀的書籍中，經過喬裝偽飾的各種祕思（神話）。電影如「夢工廠」（dream factory），採取且運用了無數祕思（神話）的主題，諸如英雄和巨獸間的決鬥、入門禮的搏鬥和嚴酷考驗、典範的角色和形像（處女、英雄、樂園景象、地獄等等）。即使是閱讀，都包含了祕思（神話）的功能，不只因為它取代了古代社會神話故事的誦讀以及至今還保留在歐洲鄉村社會的口傳；還尤其因為透過閱讀，現化人得以成功地獲取一種「從時間中擺脫開」的方法，就好比因著神話故事而產生的「從時間中顯露出」一樣。無論現代人「殺」時間是用偵探小說，或者藉任一小說所呈現的內容進入一個陌生而短暫的世界，閱讀，可將他投射出個人期間之外，並使自己融入其他的規律中，而使自己生活於另一段歷史中。

確切地說，絕大多數的非宗教性行為，並未從宗教行為、神學和祕思（神話故事）中得到解放。它們有時會游移在全部「法術－宗教性」的有關事物下，儘管它們已經退化成只是在模仿的程度，而很難認出其中究竟怎麼回事。人類生活方式的「剔除神聖」過程，有時會達至黑巫術的多種混合形式及對宗教全然的曲解。在此不談論所有現代城市中增生的無數「小宗教」（little religions），諸如「偽神祕學」（the pseudo-occult）、「新降神術」（neospiritualistic），或所謂「煉金術的各種禮拜儀式、教派、學派」等等；所有的這些現象，其實都還是屬於宗教的範疇，即使它們幾乎都呈現出各種偏離正軌的偽形態面貌。我們也不提及政治性運動及社會烏托邦主義，它們的祕思性結構和宗教

性狂熱，稍作瞥視便顯而易見。[44]

　　有個很好的例子，我們只須提到共產主義的祕思性結構及其末世論內涵即可明瞭。馬克思接收並持續了其中一則亞洲－地中海地區的偉大的末世論神話，即：「正義者」（the Just）的救贖性角色（「正義者」亦可稱為：「被揀選者」、「受傅油者」、「無罪者」、「使者」；而馬克思認為在現今這時代則是「無產階級」）；這位正義者的痛苦，注定要改變這世界的本體論地位。事實上，馬克思所主張的無階級社會及其隨後歷史性張力消失的結果，可以在人類黃金時代（Golden Age）[45]的祕思中，找到與他們最為接近的先例，很多傳統皆將這時代的神話故事表述於歷史的開端和結束時。馬克思將整個猶太－基督宗教的默西亞（彌賽亞）意識型態，藉以豐富這個歷史悠久的祕思：一方面，他把先知性角色和末世論功能歸給了無產階級；另一方面，他輕易地比照了基督與敵基督之間啟示性的戰役，在善惡之間的最後爭戰，前者得到了完全的勝利。這相當有意義，馬克思基於自身的目的，接收了猶太－基督宗教中對「歷史的絕對終結」的末世性希望；這便是他不同於其他歷史性（歷史主義式）哲學家（例如：克羅齊[46]、奧德嘉[47]）之處，對那些歷史性哲學

207

44　譯註：譬如全民健康保險，及「強制汽車責任保險」等皆是。力倡交通意外傷害險的強制投保以保障行車意外所造成令人措手不及的醫療負擔，其背後的祕思性結構便顯而易見。

45　譯註：指太古人類最幸福的時代，例如基督宗教的伊甸園、佛教的淨土、或道教的極樂世界，是歷史的最初的根源，亦是人類生命結束時的歸向。

46　校註：克羅齊（Benedetto Croce, 1866-1952），義大利哲學家、歷史學家。

家而言，歷史的張力與人類情境是同質的（consubstantial），因而歷史的張力是不可能被完全消除得了的。

然而，不只是「小宗教」（little religions）或者政治性祕思，我們發現有退化和偽飾的宗教行為。在一些公然宣稱自己是俗化或甚至是反宗教的活動中，我們仍然可以看到。各樣的例子，如：裸體主義、完全的性解放運動，在這樣的意識型態中，我們可以辨識「伊甸園鄉愁」的痕跡，辨識出他們重建墮落以前之天堂般境界的渴望，當時，罪惡尚不存在，也沒有肉體享樂與良心之間的衝突。

此外，還有一項有趣的觀察：入門禮劇情在某種程度上，仍持續存留在當代非宗教人的各種活動和動作上。當然，我們將不理會這些殘留著退化形式之入門禮的確實形態。有個適當的例子，便是戰爭，且尤其是個人的戰役（特別是在飛行員之間），當中利用一些嚴酷的考驗，這些考驗可以對應於那些傳統的軍隊入會儀式，這些入會儀式即使在今日仍存在，戰鬥員都已不再意識到他們所受嚴酷考驗的較深層涵義了，因而也幾乎未能從他們的入會儀式中獲益。而且，甚至連當代的一些技藝，如精神分析，都仍保留了入門禮的型態。病人被要求深度地進入自我裡頭，讓他的過去再次活現起來，他被要求再次對抗受創的經驗；而從某個形式的觀點來說，這個危險的做法，類似入門禮中下降進入地獄、魔鬼的領域，以及與巨獸的對抗。正如入門者被期待

---

47 校註：奧德嘉（Jose Ortega y Gasset，或奧特加，1883-1955），西班牙哲學家、社會評論家。

從他痛苦的得勝中誕生——簡而言之，就是經歷「死亡」與「被復活」，以便能獲得一完全有能力負責之生活方式的途徑以及對靈性價值的開放，今日病人從事分析，必須對抗他自己的「無意識」，亦即被魔鬼和巨獸捕獵的「無意識」，以便找到心靈的健康與整合文化價值的世界。

　　不過，入門禮如此緊密地與人類生存的模式聯繫在一起，至今仍有相當多現代人的行為和態度，持續地重複入門禮的劇情。經常「為生活而奮鬥」，及處於有礙使命與事業的各種「折磨」或「艱難」中，都是某種程度地重複入門禮的嚴酷考驗；在一個人受到多種「打擊」之後，他所經歷道德上的，以及甚至是生理上的「痛苦」與「煎熬」，使年輕人「證明」了自己，瞭解自己的可能性，增長對他自己能力的意識，且最終成為他自己，有了靈性上的成熟並具有創造力（當然，所謂靈性之意，正如當代社會所理解的）。因為每一個人的生活都是由一系列的苦難，由反覆的「死亡」與「復活」經驗所組成。而這就是為什麼，以宗教的觀點來說，生活便是由入門禮所構成的；在人類生活的範圍內，幾乎可以說是由入門禮所完成的，而這本身就是一個入門禮。

　　簡言之，大多數人「沒有宗教」，其實仍抱持著「偽宗教」（pseudo religions）和變質了的祕思（神話）。這並不奇怪，就如我們前面所見，因為凡俗人是宗教人的後裔，而且他不能徹底摧毀自己的歷史，也就是說，他的宗教性祖先的行為已塑造了他成為今日的樣子。這顯得格外真實，因為大部分人的生活方式，

乃是以來自他存在的深度、以其所謂「無意識」（unconscious）領域而來的衝動所供應的。純粹理性的人是一個抽象的概念，這樣的人從未在真實的生命中被發現。每個人的存在，都同時被有意識的活動和非理性的經驗所建構出來。現在，無意識的內容和結構，展現出和各種祕思（神話）意象和角色之間驚人的相似性。我們並非意謂：祕思（神話）是無意識的「產物」，因為祕思（神話）的存在模式，嚴格地說，**它呈現自身就是祕思（神話）**，也就是說，**祕思（神話）傳達某些已然以典範風格所呈現的事物**。如果祕思（神話）為無意識「所製造」，那麼，以同樣的觀點，我們可以說《包法利夫人》[48]（*Madame Bovary*）便是通姦的「產物」。

　　然而，無意識的內容和結構是自遠古以來各種存在情境的結果，尤其在危急情境時，而這也就是為什麼無意識有其宗教氛圍的原因。因為一切的生存危機，都是再度進入「世界的真實」和「人在世上的臨在」這二問題中。這意謂著：生存的危機，至終是宗教性的，因為從文化的古代層面來看，「存在」（being）和「神聖」是一體的。如我們所知，這就是建基於這世界的神聖經驗，而且即使是最基本的宗教，其首要的也是本體論。換言之，在無意識作為是無數生存經驗的結果的範圍內，它就不得不像各種宗教的世界。因為宗教是一切生存危機的典範解答。宗教之所以是典範的解答，不只因為它可以被無限制地重複，還因為

48　譯註：這是十九世紀一本由法國作家福樓拜所寫的小說，描寫對生活的浪漫主義幻想和不切實際的追求。

它被相信有一超越性的起源，也因而讓人體悟來自他者、超越人性世界之啟示的意義。這個宗教的解答，不僅解決了危機，且同時使得生活方式「開啟」了不再是偶然的或單一的價值，而能使人超越人的處境，並至終獲得通往靈性世界的道路。

此處並非是發揮「無意識內容與結構」以及「宗教價值」二者間密切關係之重要結果的地方。我們之所以提到，乃為以某種觀點指出：即便最公然宣稱自己是非宗教人的，仍然在他較深層的存在中，有著宗教上的定向（oriented，被引導）行為。然而，現代人的「個人祕思（神話）」——他的夢、想像、新奇的主張等等——卻不可能提升到祕思（神話）的本體性地位來，正是因為這些祕思（神話）無法為「全人」（the whole man）所經驗，因而無法由一個別情境轉化為典範的情境。同樣的，現代人的焦慮，在他的夢或想像的經驗中，雖然從某個形式的觀點來看是「宗教性」的，但這卻並未使他如同宗教人一樣，成為世界觀的一部分，亦未提供行為體系的基礎。

舉個例子以顯示這兩種經驗範疇的不同。現代人的無意識活動，不停地用不計其數的象徵來呈現自己，而且每一個象徵都傳達一個特殊的訊息，或實現一個特殊的任務，以確保或重建心理的平衡。如我們所知，這樣的象徵不僅使世界「開啟」，而且有助宗教人達到宇宙生命。因為透過象徵，人發現了在他所處個別情境之外的方式，並使自己向普世及宇宙生命開放。象徵喚醒個人的經驗，並轉而進入靈性的活動、進入對世界的形而上理解。任何一棵樹的存在、世界樹的象徵，以及宇宙生命之意象、

211

212

現代社會之前的人所能達到的最高靈性境界，皆是基於對象徵的理解，而使他成功地活在宇宙中。這便是能使他個人經驗發生效益的對世界的宗教觀，及其伴隨而來、向宇宙「開放」的意識型態。

樹的形象，仍然相當頻繁地出現在當代非宗教人的想像世界中；它是這些人較深度生命的密碼，是他們在無意識劇場中所耗盡的密碼，而這齣戲便是關係到他心靈生命之完整性，並因而關係到他自身存在的一齣戲。不過，倘若此樹的象徵未能喚醒他全部的意識，並使他向宇宙開放，那我們就不能說此象徵完全實現了它的功能。它只有部分地拯救了他，譬如從他的個人情境中，使他能夠解決一個深度的危機、從暫時的威脅中恢復他心靈的平衡；不過，它尚未使他提升至靈性層次，也就是說，在啟示給他「真實者」（the real）的其中之一結構上，它並不成功。

這個例子對我們來說，似乎已足以顯示現代社會的非宗教人仍是被他的無意識活動所滋養和支持的，然而，這並沒有使現代社會的非宗教人因而獲得一個適切的宗教經驗和世界觀。無意識提供他生命中各種困境的答案，並以此方式扮演出宗教的角色，因為在各式各樣價值的創造者建構其生活方式以前，是宗教確保了它的完整性。

從某個觀點來看，對那些自稱是非宗教人來說，宗教及祕思（神話）都被遮蔽在無意識的黑暗內；這也意謂這樣的人重整自己生命中宗教觀的可能性，陷在一個極大的深處裡。或者，從基督宗教的觀點來看，也可說這些非宗教人，就相當於人的一種新

213

「墮落」；換句話說，非宗教人已然喪失了有意識地活在宗教中的能力，從而也喪失了理解和確信它的能力了。不過，在他最深度的存在裡，仍然保留了對它的記憶，就如同在他的祖先第一次「墮落」之後，原始人仍有足夠的智慧，使他能再度發現上帝的形跡，而此形跡在這世界上是可見的。第一次的「墮落」之後，這個宗教性意識已跌落至「被分裂意識」的層次中；而今，在第二次的「墮落」之後，已然跌得更深，而掉入無意識的深淵裡了；這個宗教性意識已經被「遺忘」了。

在此，這位宗教歷史學家的思索要畫下句點了。現在要開始著手各種問題的領域，應是哲學家、心理學家，甚至是神學家的事了。

【附錄一】
宗教研究的編年史 [1]

「宗教歷史學」是一門學問

宗教學，作為一門獨立的學科，是在分析不同宗教的共同要素、推論宗教演化的規律，尤其是為找尋並界定宗教的原初形式；這是最近才剛加入學術界的一門學科。這門學科創始於十九世紀，幾乎與語言學同時創立。繆勒（Max Müller，1823-1900，德國東方學家、語言學家、比較宗教學家）在他的《德國學術會議扎記》（*Chips from a German Workshop*, London, 1867年）第一冊的序言中，給了它「宗教學」（science of religions）或「宗教的比較研究」（comparative study of religions）這個名稱。事實上，「宗教學」這個名稱稍早已被個別學者零星地使用過，例如勒布朗神父（Prosper Le Blanc d'Ambonne，1802-1868，法國神學家）（1852）、史蒂費哈根神父（Ferdinand

---

1　譯註：本附錄介紹宗教研究的歷史沿革，自古代至當代。原文全篇一氣呵成，為方便初學者閱讀，譯者依時代的分期把全文畫分六大段：「宗教歷史學是一門學問」、「古典希臘文獻中的宗教學」、「基督宗教初期的論辯」、「中世紀西方的宗教研究」、「宗教研究新視野的開展」、「十九世紀以後的發展」。

Stiefelhagen，1822-1902，德國神學家）（1858）等等，不過，
他們並沒有如繆勒一樣賦予精確意義，使它逐漸變成現在的用
法。

第一個在大學給宗教歷史學創立教職（chair）的是在 1873
年於日內瓦；而後 1873 年，在荷蘭又設立了四個。1879 年，法
國學院（Collège of France）設立了此教職；1885 年，巴黎大學
（Sorbonne）的社會科學研究院（École des Hautes Études）成立
了一個特殊的「宗教學組」（Section of Religion Science）。比
利時布魯塞爾的自由大學（Free University）於 1884 年設立了宗
教歷史學的教職。德國於 1910 年跟進，第一個相關教職在柏林
設立，隨後也在萊比錫（Leipzing）及波昂（Bonn）設立了其他
教職。歐洲其他國家亦相繼加入這股趨勢。

1880 年，凡內斯（M. Vernes，1845-1923，法國基督新
教神學家、宗教史學家）所編的《宗教歷史學報》（*Revue
de l'Histoire des Religions*）在巴黎創刊；1898 年，在弗萊堡
（Freiburg-im-Breisgau）由阿切利斯（Thomas Achelis, 1850-
1909，德國民族學家）博士創刊《宗教學論集》（*Archiv für
Religionswissenschaft*）；1905 年，一份主要探討原始宗教的期
刊：《人學學報》（*Anthropos*），由施密特（Wilhelm Schmidt,
1868-1954，德國天主教神父、語言學家、民族學家）在靠近
維也納的 St. Gabroel-Mödling 問世；1925 年，佩塔佐尼（R.
Pettazoni，1883-1959，義大利人類學家、考古學家、宗教史學
家）創立了名為《宗教史學研究與資料》（*Studi e Materiali di*

Storia delle Religioni）的期刊。美國在這個領域中所出版的期刊有《宗教學報》（*The Journal of Religion*，芝加哥大學，始自1921年）以及《宗教評論》（*The Review of Religion*，哥倫比亞大學，始自1936年）。

德國的《宗教學論集》（*Archiv für Religionswissenschaft*）在第二次世界大戰末停刊，它的地位由《宗教文化史期刊》（*Zeitschrift für Religions-und Geistesgeschichte*，始自1948年）所取代。由伊利亞德於1938年所創刊的《查勒摩克西：宗教學評論》（*Zalmoxis: Revue des Études Religieuses*），在第三卷問世後便停刊了（本期刊是1938-1942期間，在巴黎及羅馬尼亞首都布加勒斯特同時發行）。由國際宗教歷史學協會發行、佩塔佐尼主編的期刊《神明：國際宗教歷史學評論》（*Numen, International Review for the History of Religions*），已自1954年起，在荷蘭西部的萊頓（Leiden）出版。此一協會自1952年起編輯《宗教歷史學的國際書目》（*International Bibliography of the History of Religions*），1954年開始出版。

「第一屆國際宗教學術會議」（The First International Congress for the Sciences of Religion），於1897年在瑞典首都斯德哥爾摩（Stockholm）舉行。1900年，在巴黎召開了「宗教歷史學會議」（Congrès d'Histoire des Religions），這會議的名字，是為了排除神學以及所謂的宗教哲學而精心設計的。第九屆國際宗教學術會議（The Ninth International Congress），於1958年在東京舉行。

自此，有關宗教的各種書目、辭典及百科全書漸漸多了起來；原始文獻的出版也在增加。特別值得注意的如下：

《宗教與倫理百科全書》（*Encyclopaedia of Religion and Ethics*），由哈斯汀斯（J. Hastings，1852-1922，蘇格蘭牧師、聖經學者）主編，共十三冊，1908-1923 年在英國愛丁堡出版）；

《宗教史與當代宗教問題：神學及宗教學手冊》（*Die Religion in Geschichte und Gegenwart. Handwörterbuch für Theologie und Religionswissenschaft*，共五冊，首版於 1909-1913 年在德國杜賓根出版，第三版目前 [2] 正在籌劃出版中）；

《宗教史讀本》叢書（*Religionsgeschichtliche Lesebuch*，由貝索萊特（A. Bertholet，1868-1951，瑞士教育家、宗教史學家）主編，首版於 1908 年起陸續出版，第二版則於 1926 年起，在德國杜賓根出版）；

《宗教史教科書》（*Textbuch zur Religionsgeschichtliche*），開始由萊曼（E. Lehmann, 1862-1930，丹麥宗教史學家）主編，後來哈斯（H. Haas，1868-1934，德國神學家、宗教史學家）加入編輯，於 1912 年在德國比錫出版）；

《有關宗教史料的希臘與拉丁文獻》（*Fontes historiae religionum ex auctoribus graecis et latinis*），由克雷蒙（C. Clemen，1865-1940，德國新教神學家、宗教史學家）主編，1920 年起於

2　譯註：即本書英譯本出版的 1950 年代末期。

德國波昂出版）；

《宗教史相關地圖及圖表》（*Bilderatlas zur Religions-geschichte*），哈斯等人著，1924 年起在德國比錫出版；

《古代近東與舊約相關的文獻》（*Ancient Near Eastern Texts relating to the Old Testament*），普里查德（J. B. Pritchard，1909-1997，美國考古學家、古代近東史家）著，1950 年於美國普林斯頓出版；

《古代近東與舊約相關的圖表》（*The Ancient Near East in Pictures relating to the Old Testament*），佩塔佐尼著，1954 年於美國普林斯頓出版。

古典希臘文獻中的宗教學

雖然宗教學只是從十九世紀才開始成為一門獨立的學科，但是對於宗教歷史學的興趣可以回溯到更早的過去[3]。我們發現記載對宗教學有興趣的最早文獻，是出自公元前第五世紀的古典希臘文獻。這興趣以兩種方法顯示出來：第一種是「遊記」（travelers' accounts）中對外國宗教崇拜的描寫，以及將它與希

3　原註：我們下面要介紹的可以從下列書籍中找到：H. Pinard de la Boullaye, *L'étude comparée des religions*（《宗教比較研究》，共二冊，首版 1922 年於巴黎出版，修訂第三版於 1929 年出版）；Gustav Mensching, *Geschichte der Religionswissenschaft*（《宗教學史》，1948 年於德國波昂出版）。

臘宗教的行為作比較；第二種是對傳統宗教作「哲學性批判」
（philosophic criticism）。

希羅多德[4]已經非常詳細地描述了一些「野蠻及外來宗教」
（barbarian and exotic religions；包括埃及、波斯、色雷斯[5]、錫
西厄[6]等地的宗教），甚至更進一步地談到這些宗教源流的假
說，也談到了這些宗教跟希臘宗教及神話的關係。在蘇格拉底
之前的希臘思想家查考過諸神的性質以及神話的價值，並且建
立了宗教的理性批判方法。因而如巴門尼德[7]及恩培多克勒[8]等
人就提出：諸神乃自然力量的位格化（personifications）。德謨
克利特[9]對於外國宗教有高度的興趣，他對這些宗教的知識是來
自他無數次的旅行，人們將《巴比倫的聖典》（*Sacred Writings
of Babylon*）、《〔波斯地區的〕迦勒底文獻》（*Chaldean*

4　譯註：希羅多德（Herodotus），古希臘歷史學家，約生於公元前 484 年，卒於
　　約 425 年，一般稱他為「歷史學之父」，他以希臘波斯戰爭為背景所寫的《歷
　　史》一書，是西方第一本歷史著作。

5　譯註：色雷斯（Thrace），巴爾幹半島東南部地區；古色雷斯包括今天的希臘及
　　土耳其部分地區，亦即自愛琴海到黑海一帶。

6　譯註：錫西厄（Scythia），古代歐洲東南部以黑海北岸為中心的地區。

7　譯註：巴門尼德（Parmenides），古希臘哲學家，生於公元前約 515 年，卒於約
　　450 年，受利亞學派創始人，主張思想與存在是同一的、無生滅的、不動的、單
　　一的，著有用詩體寫成的著作《論自然》，現僅存殘篇。

8　譯註：恩培多克勒（Empedocles），古希臘哲學家、詩人、醫生，生於公元前約
　　490 年，卒於約 430 年，主張物活論觀點，認為萬物皆由火、水、土、氣四種元
　　素所形成，動力是愛和恨，愛使元素結合，恨使元素分離。

9　譯註：德謨克利特（Democritus），古希臘哲學家，生於公元前約 460 年，卒於
　　約 370 年，主張唯物主義，是原子論的創始人之一，政治上屬奴隸制民主派，在
　　倫理學上認為幸福是人生的目的，真正的幸福在於心神寧靜。

Treatise）及《〔小亞細亞的〕佛里幾亞文獻》（*Phrygian Treatise*）三書的作者都歸給他。柏拉圖（429-347 B.C.）常常用這幾本書來比較「野蠻人的宗教」（the religions of the barbarians）。到了亞里斯多德（384-322 B.C.），他首先系統化地規劃出人類宗教退化的理論[10]，這理論後代常常一再地復興。泰奧佛拉斯托斯[11]繼承亞里斯多德，成為亞里斯多德學派[12]的首腦，他可能就是第一個希臘的宗教歷史學者；根據第歐根尼[13]，泰氏把宗教歷史學編成六大冊[14]。

　　但是，特別是在亞歷山大大帝征服東方之後，希臘作者才有機會獲得東方諸民族宗教傳統的直接知識，並描寫出來。在亞歷山大統治期間，貝耳神（Bel）[15]的祭司貝羅索斯（Berosus）[16]出版了他的《巴比倫研究》（*Babyloniaca*）。希臘帝國皇帝塞琉古一世（Seleucus Nicator, 358-281 B.C.）曾在公元前302到297年之間，好幾次派遣麥加斯梯尼（Megasthenes, 350-290

10　原註：參閱 *Metaphysics*, XII, ch.7。

11　譯註：泰奧佛拉斯托斯（Theophrastus），古希臘哲學家，生於公元前約372年，卒於約287年，屬逍遙派（又稱亞里斯多德學派），主張物質自行運動的觀點，在植物學及邏輯方面有很大的貢獻。

12　譯註：亞里斯多德學派（Lyceum），原為亞里斯多德向門徒講授哲學的雅典學園，因此亦指亞里斯多德學派。

13　校註：第歐根尼（Diogenes Laertius），公元三世紀的希臘作家，以《哲人言行錄》傳世。

14　譯註：見《著名哲學家的生平言行錄》（*Lives, Teachings, and Sayings of Famous Philosophers*）中第歐根尼的 V, 48。

15　校註：貝耳神（Bel），巴比倫保護神馬杜克的另一尊稱。

16　校註：貝羅索斯（Berosus），公元前三世紀的巴比倫作家與貝爾－馬杜克神廟祭司。

B.C.）作大使，去見印度國王 Sandrakottos（即 Chandragupta，
孔雀王朝的開國君王旃陀羅笈多一世，340-298 B.C.）；這位麥
加斯梯尼大使出版過一本名為《印度研究》（*Indica*）的書。
許珀耳玻瑞亞（Hyperboreans）神話故事[17]的作者赫卡塔埃烏斯
（Hecataeus of Abdera or Teos，約 365-270 B.C.，古希臘歷史學
家），在其作品《埃及研究》（*Aegyptica*）中敘述了埃及人的神
學。公元前第三世紀有一位埃及祭司曼涅托（Manetho）[18]，以
同樣的主題寫了一本書，出版時也用了同一書名。亞歷山大帝國
領域內，因此知道了許多外來宗教的習俗、儀式及神話。

公元前第三世紀的雅典人伊壁鳩魯[19]，對宗教作了根本的批
判；按他的看法，「普遍的共識」證明諸神是存在的，但是他認
為諸神是高高在上的、遙不可及的、與人沒有關係的存有。他的
作品在公元前第一世紀的拉丁世界，由於盧克萊修[20]的影響力，
而越來越流行。

然而，深深影響整個古代晚期的是斯多葛學派[21]，他們發展

17　譯註：許珀耳玻瑞亞（Hyperboreans）是一則希臘神話故事，描寫住在極北樂土
　　的人民，他們居住在陽光普照、北風不到、四季長春之地。

18　校註：曼涅托（Manetho），埃及祭司、歷史學家，生平年代約公元前四世紀
　　末一三世紀初，以希臘文寫成的《埃及史》為重構古埃及歷史最重要的史料。

19　譯註：伊壁鳩魯（Epicurus），古希臘哲學家，生於公元前 341 年，卒於 270
　　年，將德謨克利特的原子論繼續發揚，強調感性認識的作用，並且最先提出社會
　　契約說，主張人生的目的是追求幸福。

20　譯註：盧克萊修（Lucretius），古羅馬哲學家、詩人，生於公元前約 98 年，卒
　　於約公元前 53 年。

21　譯註：斯多葛學派（Stoics，或譯斯多亞派），是希臘哲學主張禁欲主義的一派
　　學說。

出了一套寓意詮釋法，能使他們保存、同時重新評價神話故事的
遺產。根據斯多葛學派，神話故事要不就彰顯了事物基本性質的
哲學觀點，要不就是彰顯了道德理論。諸神的許多名字，都意
指著一個獨一的神祇（one sole divinity），所有的宗教也都顯示
出相同的基本真理：只不過是一個多義的詞彙（the terminology
varies）。斯多葛學派的寓意詮釋法，使得轉譯任何古代或外來
宗教的傳統成為普遍的、容易瞭解的語言成為可能。這個方法獲
得廣泛的接受，隨後也就被應用得越來越頻繁。

　　有些神是由君王或英雄被神化而成的，因為他們是在宗教崇
拜儀式中將這些人奉若神明；這個觀念，從希羅多德時代開始就
有支持者了。但，是猶希邁羅斯[22]在其著作《神聖歷史》（*The
Sacred Scripture*）中，把神話的非歷史性詮釋方法推廣開來的。
猶希邁羅斯學派（Euhemerism）有很多的擁護者，是由於詩人
恩尼烏斯[23]把《神聖歷史》翻譯為拉丁文，後來基督宗教的護教
者也採用了猶希邁羅斯的論點。逐漸地，有了更嚴格的歷史學方
法，於是歷史學家波利比烏斯（Polybius, 210-125 B.C.）[24]和地
理學家史特拉波（Strabo，約 B.C. 60 －25 A.D.）[25]試著在一些

22　譯註：猶希邁羅斯（Euhemerus），古希臘神話作家，生於公元前約330年，卒
　　於公元約260年，主張神係由英雄人物或戰爭中的勝利者演化而成的，曾著有哲
　　理性傳奇《神聖歷史》。
23　譯註：恩尼烏斯（Ennius），古羅馬詩人、戲劇家，生於公元前239年，卒於公
　　元前169年，一生致力於向羅馬人介紹希臘文學和哲學。
24　校註：波利比烏斯（Polybius），古希臘政治家、歷史學家，以《歷史》一書傳
　　世。
25　校註：史特拉波（Strabo），古希臘地理學家、歷史學家，以《地理學》一書傳

神話故事當中，發掘可能的歷史因素。

在羅馬的折衷學派（Roman eclectics）之中，西塞羅[26]和瓦羅[27]二人的作品特別論及宗教的歷史價值，瓦羅的四十冊《古羅馬時代》（*Roman Antiquities*）叢書是知識的寶庫。西塞羅在他的作品《論諸神的本質》（*On the Nature of the Gods*）中，十分詳細地描寫了異教時代最後一個世紀的宗教儀式和信仰的情況。

基督宗教初期的論辯

東方奧祕宗教及敬禮在羅馬帝國的流傳，以及尤其在亞歷山大里亞（Alexandria，或亞歷山卓，埃及地中海沿岸的主要港口）混合宗教理論的結果，有助於對外來宗教的認知，以及對不同國家古代宗教的研究。在基督紀元的前兩個世紀，相關的作品很多，如：主張神話即歷史的學者斐隆（Herenius Philon,64-141，古希臘語言學家、歷史學家）出版了《腓尼基歷史》（*Phoenician History*）；另一位學者保薩尼亞斯（Pausanias）出版了《希臘素描》（*Description of Greece*），本書搜盡了所有

世。

26　譯註：西塞羅（Cicero），古羅馬哲學家、政治家、演說家，生於公元前106年，卒於公元前43年，曾任羅馬政府執政官，力圖恢復共和政體，因發表反安東尼演說而被殺。

27　譯註：瓦羅（Varro），古羅馬學者，生於公元前116年，卒於公元前27年，著作良多，主要以諷刺為主。

宗教歷史學者的寶庫；以及託名阿波羅多洛斯（Apollodorus，約180-120 B.C.）[28]的《圖書館》（*Library*，《希臘神話文庫》），是一本神話學的作品。新畢達哥拉斯學派（Neo-Pythagoreanism）及新柏拉圖學派（Neo-Platonism）把神話和宗教儀式在靈修的詮釋上作了新的評價。這個詮釋學派的典型代表是普魯塔克（Plutarch，約45-125）[29]，特別是在他的作品《伊西絲與歐西里斯》（*On Isis and Osiris*）之中。依他的觀點，宗教形式的多元，只是表面的；各種象徵皆顯示出宗教的基本統一（fundamental unity）。斯多葛學派的主張被塞內卡（Seneca，2-66，古希臘哲學家、劇作家、政治家）高明地重述出來：眾多神祇只是獨一真神的不同面向。就在這時期，描寫外國宗教及狂熱敬禮（崇拜）的作品很多。凱撒大帝（Julius Caesar, 104-44 B.C.）及塔西佗（Tacitus, 55-120）[30]提供了有關高盧和日耳曼民族宗教的有用資訊；阿普列尤斯（Apuleius，124-189，公元第二世紀古羅馬作家、哲學家）描寫了進入伊西絲女神奧祕的入門禮儀；魯西安（Lucian，？-180，古希臘諷刺作家）在他公元約120年出版的《論敘利亞女神》（*On the Syrian Goddess*）作品

28　校註：阿波羅多洛斯（Apollodorus），古希臘歷史學家、哲學家、文法學家，《希臘神話文庫》一書則為偽託之作，根據學界考證，該書成於公元一或二世紀。

29　校註：普魯塔克（Plutarch），古希臘哲學家、歷史學家、阿波羅神廟祭司，《希臘羅馬名人傳》為其傳世之作。

30　校註：塔西佗（Tacitus），羅馬帝國執政官、元老院元老、歷史學家，其羅馬帝國的編年史著作，為探討羅馬帝國在公元一世紀時期最重要的史料。

中，詳細地記述了敘利亞的宗教崇拜。

對基督宗教的護教者及異端份子來說，問題本身呈現在不同的層面上，因為他們以啟示宗教的一神，來反對異教徒的多神。所以，他們一方面被迫展現超自然的根源，並推論出基督宗教的優越性；另一方面，他們被迫細述外教諸神的根源，尤其需要說明基督以前的世界為什麼會有偶像崇拜。他們還需要說明奧祕宗教與基督宗教之間有什麼相似性。更進一步提出下列論點：

1. 由墮落的天使及「人的女兒」（《創世紀》〔6：2〕）相交而出生的魔鬼，引導人類去拜偶像；
2. 剽竊：有預知能力的惡天使，把猶太教和基督宗教類似的知識引入異教之中，使信徒發生困擾；異教哲學家也借用梅瑟（摩西）及先知的言論來發揮自己的理論；
3. 人類的理性，能夠以自己的能力獲得真理的知識，因而異教世界能夠擁有天主性體的知識。

外教的反應有各種不同的形式，顯示如下：

1. 約發生在公元 178 年的新畢達哥拉斯學派中的克理索（或塞爾修斯〔Celsus〕，公元二世紀的希臘哲學家）強烈抨擊基督信仰的根源和靈修價值；
2. 詭辯家斐洛斯托拉德（Philostratus，175-249，古希臘詭辯哲學家）的作品《阿波羅生平》（*Life of Apollonius of*

Tyana）比較了印度、希臘和埃及的宗教觀念，並詳細解釋異教徒理想的虔敬及寬容；

3. 新柏拉圖學派中普羅丁[31]的弟子與作品編纂者波菲利（Porphyry，233-305，古希臘哲學家），很有技巧地應用寓意詮釋法抨擊了基督信仰；

4. 楊布里科斯（Iamblichus，280-330，古敘利亞哲學家）極力主張理想的宗教綜合及寬容理論。

在基督宗教裡反擊最有名的人物如下：非洲的米努修（Minucius Felix，？-250，非洲羅馬裔護教神學家）、拉克坦提烏斯（Lactantius，250-325，北非柏柏族護教神學家）、戴都良（Tertullian）、費爾米庫斯（Firmicius Maternus，約公元四世紀，羅馬護教神學家、占星學家），以及偉大的亞歷山大里亞城的學者：亞歷山大的克來孟（或革利免，Clement of Alexandria，150-215，希臘教父神學家）及奧力振（或俄利根、奧利金，Origen，185-254，希臘教父神學家）。以下作品對異教理論作出了最後的反駁：凱撒利亞的安瑟伯（或優西比烏，Eusebius of Caesarea，260/265-339，希臘編年史家、護教神學家）的著作《編年史》（*Chronicle*）、聖奧斯定（或聖奧古斯丁，Saint Augustine，天主教神學家、北非希波〔今阿爾及利亞安納巴〕的主教）的《天主之城》（*City of God*），以及奧羅修

---

31 譯註：普羅丁（Plotinus），或柏羅丁、普羅提諾古羅馬哲學家，生於公元約205年，卒於約270年，是新柏拉圖學派主要代表，著有《九章集》。

斯（Paulus Orosius，375/385-420，羅馬神學家、歷史學家）的
著作《歷史》（*Histories*）。這些作品都同意異教作者所保留的
論點，即諸宗教都越來越敗壞。他們的作品，跟他們的支持者以
及其他的基督徒作者一樣，對於羅馬帝國附近的所有民族，以及
諾斯替（Gnostics）、基督宗教的異端宗派，保留了他們當中有
關宗教的神話、儀式及習俗中的宗教歷史因素。

中世紀西方的宗教研究

　　西方世界在中世紀對外國宗教的興趣被喚起來，是受到伊
斯蘭教出現的威脅而引發的。1141 年，虔敬者彼得（Peter the
Venerable，1092-1156，法國聖本篤克呂尼修道院院長，中世
紀西方世界伊斯蘭研究的開創者之一）獲得了由羅伯特神父
（Robert de Rétines，或 Robert of Ketton，1141-1157，英國翻譯
家、天文學家，西方世界首位將《古蘭經》翻譯為拉丁文者）翻
譯而成的《古蘭經》，而且一些從事「阿拉伯研究」的學派在
1250 年建立了起來。在這時期，伊斯蘭教已經產生討論有關外
邦宗教主題的重要作品。比魯尼（Al-Biruni, 973-1048）已經給
印度宗教和哲學作過卓越的描述；薩赫拉斯塔尼（Shahrastani，
1086-1153，波斯歷史學家、神學家）曾經寫過一篇討論伊斯
蘭各學派的論文；伊本‧哈茲姆（Ibn Hazm，994-1064，西班
牙聖訓學家、神學家、歷史學家）已經編纂了一套博學的叢書

《各種有關宗教、教派、學派的決定性解釋》（*Book of Decisive Solutions concerning Religions, Sects, and Schools*），書中他討論到拜火教與摩尼教的二元論思想（Mazdean and Manichaean dualism），以及婆羅門信徒、猶太教信徒、基督徒、無神論者和一些伊斯蘭教派。曾深深影響伊斯蘭教思想的阿威羅伊[32]，是第一個給整個西方知識份子帶來衝擊的人。阿威羅伊在詮釋宗教時，應用了象徵及寓意的方法，他結論出「獨一神論的宗教是真的」，但是他也同意亞里斯多德的觀點：在永恆的世界中，宗教會一而再、再而三地，出現、消失，出現、消失。

在中世紀猶太教的學者們當中，有兩個人需要特別提一提：一個是薩阿迪亞拉比（Saadia ben Yosef Gaon，892-942，埃及猶太哲學家、解經學家），他在 933 年時寫了《信仰與信念之書》（*Book of beliefs and Convictions*），以宗教哲學的架構，詳細解釋了婆羅門信徒、基督徒、穆斯林等人的宗教；另一個是邁蒙尼德（Maimonides，1135-1204，西班牙猶太哲學家、解經學家、法學家），他曾小心翼翼地在避免混合宗教的情況下，對諸宗教作了比較研究，他試圖以天主（上帝）的屈尊就卑及人類進步的教理，說明第一個啟示宗教—猶太教的各種缺點，這些觀點其實早已被教父們[33]超越了。

---

32 譯註：阿威羅伊（Averroes），伊斯蘭哲學家，生於公元 1126 年，卒於 1198 年，將伊斯蘭傳統學說和希臘哲學融成一體，並評註亞里斯多德的作品及柏拉圖的《共和國》。阿拉伯名為 Ibn-Rushd。

33 譯註：教父（the Fathers of Church），基督宗教在公元第八世紀以前的教會作家，他們以正統的教義和聖潔的生活知名於世，也因此曾受教會嘉許，為信仰的

　　當蒙古人在小亞細亞出現時，由於他們對阿拉伯人的仇視，導致教宗派遣傳教士去探尋他們的宗教和習俗。1244 年，教宗依諾森四世（Innocent IV, 1195-1254）派遣兩位道明會士、兩位方濟會士，其中之一名為柏郎嘉賓（Jean du Plan de Carpin, 1180-1252，義大利聖方濟會修士），他曾遠達位於中亞的蒙古帝國第一個都城喀喇崑崙（或哈拉和林，Karakorum），在回程中，他寫了《蒙古歷史》（*History of the Mongols*）。1253 年，路易九世（Louis IX, 1214-1270）派遣盧布羅克（William Ruysbroek，或 William of Rubruck，荷蘭聖方濟會修士）到達了喀喇崑崙，他告訴我們他曾在那裡與摩尼教徒及撒拉遜人[34]論辯。最後，1274 年威尼斯人馬可波羅（Marco Polo, 1254-1324）出版了他的《馬可波羅遊記》，書中他述說了無數東方奇遇，也談到了釋迦牟尼傳。上述這些書非常地成功。在這些歷史文件的基礎下，博韋的樊尚（Vincent of Beauvals，1190-1264，法國聖道明會修士、百科全書編纂者）、羅傑‧培根（Roger Bacon，1214-1294，英國聖方濟會修士、哲學家）、拉蒙‧柳利（Raymond Lully，1235-1316，西班牙聖方濟會修士、神祕主義神學家、邏輯學家）等人，以不同的作品詳細地描寫了「偶像崇拜」的信徒、韃靼人、猶太人、撒拉遜人的信仰。最早期基督徒護教者的論點，又再次被提出，尤其是有關天主全知的教義，以及在多神教流傳中人類墮落了、也受到魔鬼影響。

見證人。

34　譯註：撒拉遜人（Saracens），指十字軍時代的阿拉伯人或伊斯蘭教徒。

　　文藝復興使得異教的教義再次被提出，並重新被評價，主要是因為新柏拉圖主義的寓意詮釋法又流行了起來。費奇諾（Marsilio Ficino，1433-1499，義大利天主教神父、哲學家、占星學家）把波菲利（Porphyry）、託名楊布里科斯的作者，以及《三重偉大的赫密士》（*Hermes Trismegistus*）[35] 等人的作品編輯起來，並且又編了一本《柏拉圖的神學》（*Platonic Theology*）；他認為普羅丁的晚期弟子最能權威性地詮釋柏拉圖。人文主義者相信，有一個所有宗教都共同的傳統，這共同傳統的知識為得救是足夠的了，在上述的分析中，所有的宗教在價值上是相等的。1520 年，第一本宗教歷史學概論的作品問世了，本書是由條頓騎士團 [36] 的成員波姆（Jean Boem，或 Johann Boemus, 1485-1535，德國人文主義學者，條頓騎士團隨營牧師）所著的《所有民族的習俗、法律、宗教儀式》（*The Customs, Laws, and Rites of all Peoples*），書中包含了非洲、亞洲、歐洲各種信仰的描述。

---

35 校註：《三重偉大的赫密士》（Hermes Trismegistus），大約成書於公元二至四世紀的希臘化地中海沿岸的神祕宗教經典，並溯源於希臘神祇赫密士與埃及神祇托特二合為一的綜合神話，對中世紀以後的西方密契主義傳統有深刻的影響。

36 譯註：條頓騎士團（Teutonic Order），原為中世紀十字軍的一個組織，建於 1190 年。

「拜物教」。德・布洛斯將「拜物教」一詞模糊地使用在動物、植物、無生命物件的崇拜上。

　　英國的自然神論者，尤其是休謨；法國所謂的「哲學家」及「百科全書主義者」，如盧梭（Jean-Jacques Rousseau，1712-1778，法國政治哲學家、文學家、教育學家）、伏爾泰（Voltaire，1694-1778，法國哲學家、文學家）、狄德羅（Denis Diderot，1713-1784，法國哲學家、文學家、百科全書編纂者）、達朗貝爾（Jean le Rond d'Alembert，1717-1783，法國物理學家、天文學家）；啟蒙時期的德國人，特指沃爾夫（F. A. Wolf，1759-1824，德國古典學家、語言學家）和萊辛（Gotthold Ephraim Lessing，1729-1781，德國作家、文藝理論家）；上述這些人不斷地堅持討論自然宗教的問題。不過，真正給外來的、異教的或原始的宗教詮釋帶來積極貢獻的，卻是那些學術研究者。某些作者在兩方面發生了很大的影響，一方面是他們提出的假說，另方面是他們工作所產生的成效。1724 年，封泰納（或豐特奈爾，Bernard Le Bouyer de Fontenelle，1657-1757，法國作家、哲學家）出版了他的《論寓言之根》（*Discourse on the Origin of Fables*，這是收集 1680-1699 年間的論文集），書中處處展現歷史意義，並預先表達了十九世紀精靈論的理論（animistic theories）。1794 年，杜布伊斯（François Dupuis，1742-1809，法國修辭學家、天文學家、神話學家）出版了《所有宗教崇拜的根源》（*The Origin of all Cults*）一書，書中他試圖指出諸神的歷史，甚至包括基督的生平，都只是眾星天體

運行的寓言，這一論點正是「泛巴比倫主義」在十九世紀末期的復活。克勞澤（Friedrich Creuzer，1771-1858，德國語言學家、考古學家）在其作品《古代民族的象徵與神話：特指希臘人》（*Symbolism and Mythology of Ancient Peoples, especially the Greeks*, 1810-1812）中，他試圖重建佩拉斯吉人的[37]和東方人的宗教的最早期狀況，並指出象徵的角色。他的論點被理性主義的洛貝克（Christian August Lobeck，1781-1860，德國古典學家）在 1829 年出版的巨著《嘉言錄》（*Aglaophamus*）所駁倒。

十九世紀以後的發展

至此，我們已經把十九世紀前半時期的東方宗教研究各學派，以及印歐語系的哲學及比較語言學上建立的各種努力，都分別探索過了，這些發現使得宗教歷史學得以初步進入繆勒（Max Müller）的時代。他的《比較神話學》（*Essay on Comparative Mythology*, 1856），是他及服膺於他理論的弟子們在一長串研究出版品中的第一本。繆勒在自然現象中發現了祕思（神話）的起源，尤其在太陽的光顯（solar epiphanies）中，並以「語言的缺陷性」（disease of language）來說明諸神的誕生，亦即本來只是一個「名字」（nomen），而現在卻成了一位「神明」

---

37 譯註：佩拉斯吉人（Pelasgian），史前居住在希臘、小亞細亞和愛琴海諸島嶼的一個民族。

（numen）。他的論點一時之間大為成功，可是到了十九世紀
末，曼哈特（W. Mannhardt，1831-1880，德國神話學家、民俗
學家）及泰勒（Edward Burnett Tylor, 1832-1917）的作品，使得
這些論點不再那麼普及。

　　曼哈特最主要的作品是《森林與田野的宗教崇拜》（*Cults
of Forest and Field*, 1875-1877），書中指出「較低層次的神話」
仍然活在農夫的宗教儀式與信念中的重要性；按照他的觀點，
這些信念顯示早期的宗教狀況，而非呈現自然崇拜的祕思（神
話），猶如繆勒研究所指出的。曼哈特的論點為弗雷澤（Sir
James George Frazer）在《金枝》（*The Golden Bough*，共十二
冊，1890 年初版，第三版出版於 1907-1913）所採用，並推廣開
來。1871 年，泰勒的《原始人的文化》（*Primitive Culture*）面
世，這是一本劃時代作品、新觀念的里程碑，這新觀念就是「萬
物有靈論」（animism）。根據泰勒「萬物有靈論」的理論：原
始人相信每一事物都被賦予一個靈魂，這個基本而普遍的信念，
不僅說明了對死者及祖先的敬禮，也說明了諸神的來源。

　　到了 1900 年，馬雷特（R. R. Marrett，1866-1943，英國民
族學家、宗教人類學家）、普魯斯（K. T. Preuss，1869-1938，
德國民族學家）及其他學者發展出了另一新理論：「先萬物有靈
論」（pre-animism）。按照這個理論，宗教的起源應該在「非
位格力量」（impersonal force, mana）的經驗中尋找。以不同觀
點向萬物有靈論觀點提出批判的是朗格（Andrew Lang，1844-
1912，蘇格蘭詩人、文學評論家、神話學家）；他考察了過時

古文化裡對至高諸存有的信仰（the belief in supreme beings），即對「全體祖先」的信仰（the belief in "All Fathers"）；因而，主張不能以「對神靈的信仰」（belief in spirits）來說明。施密特（1868-1954 年）採用了這個觀點，並從「文化歷史學」（Kulturgeschichte）方法論的立足點上繼續發揮，試圖證明原始獨一神論的存在[38]。

在十九世紀末、二十世紀初的一段期間，在宗教研究方面還出現了一些其他動向。涂爾幹（Emile Durkheim, 1858-1917）相信，他自己在宗教的圖騰崇拜方面發現了社會學上的解釋。在北美洲歐吉巴瓦（Ojibwa）印地安族中，「圖騰」（totem）一詞意指一種特定動物，這部族擁有這動物的名字，並視這動物為祖先。稍早，麥克雷南（J. F. MacLennan，1827-1881，蘇格蘭民族學家、社會人類學家）在 1869 年已經主張「圖騰崇拜呈現宗教的原初形式」。但後來的研究，尤其弗雷澤的作品，顯示圖騰崇拜並不是散佈得很普遍，不足以被視作最早的宗教形式。列維－布留爾（Lucien Lévy-Bruhl，1857-1939，法國人類學家、社會學家）試圖證明：宗教行為能夠以原始人的「超邏輯心態」（prelogicial mentality）來說明，這是他在生命末期所提出的一個假說。然而，這些社會學的假說，並未持續影響宗教的歷史性研究。

相當多的民族學家試圖努力使他們自己的學科成為歷史的

---

38 原註：參閱《天主觀念的起源》（*Der Urspsrung der Gottesidee*），共十二冊，1912-1955 年出版。

學門，他們的研究間接地對宗教歷史學提供了重要的貢獻。在這群願以歷史學方法來作研究的民族學者中，我們可以舉出下列幾位：歐洲方面有格拉伯納（F. Graebner，1877-1934，德國地理學家、民族學家）、費羅貝尼烏斯（Leo Frobenius，1873-1938，德國民族學家、考古學家）、利弗斯（W. W. Rivers，1864-1922，英國人類學家、神經科學家）、施密特；美國方面有鮑亞士（Franz Boas，1858-1942，德裔美國人類學家、語言學家）及其學派。

以心理學來解釋宗教的有下列幾位：馮特（Wilhelm Wundt，1832-1920，德國心理學家、哲學家）、詹姆士（William James，1842-1910，美國心理學家、哲學家）、佛洛伊德（Sigmund Freud，1856-1939，奧地利心理學家、精神分析學派創始人）。

宗教現象學最權威的代表，是德‧立烏（Gerardus van der Leeuw，1890-1950，荷蘭歷史學者、宗教哲學家）。

如今，宗教歷史學者可以分為兩個互相分歧卻又彼此互補的方法導向：第一組主要是集中在宗教現象的結構分析；另一組則研究宗教現象的歷史脈絡。前者試圖了解宗教的本質；後者願意發現並通傳它的歷史。

【附錄二】
索引

※請參考左右兩側頁緣之旁碼。

【附錄三】
參考文獻

緒論

Caillois, R., *L'homme et le sacré*, 2nd ed., Paris, 1953

Chantepie de la Saussaye, P. D., *Lehrbuch der Religions-geschichte*, 4th ed., rev. A. Bertholet and E. Lehmann, 2 vols., Tübingen, 1924-1925

Clemen, C., *et al.*, *Die Religionen der Erde*, Munich, 1927

————, *Urgeschichtliche Religion. Die Religionen der Stein-, Bronze- und Eisenzeit*, I-II, Bonn, 1932-1933

Durkheim, E., *Les formes élémentaires de la vie religieuse*, Paris, 1912

Eliade, M., *Traité d'histoire des religions*, Paris, 1949 (= *Patterns in Comparative Religion*, New York, 1958)

Firth, R., "The Analysis of Mana: An Empirical Approach," *The Journal of the Polynesian Society*, 49, 1940, pp. 483-510

Gorce, M., R. Mortier, *et al.*, *Histoire générale des religions*, I-V, Paris, 1944-1951

Haekel, J., "Zum heutigen Forschungsstand der historischen Ethnologie," *Wiener Schule der Völkerkunde*, Vienna, 1955

König, F., *et al.*, *Christus und die Religionen der Erde*, I-III, Freiburg im Breisgau, 1951

Koppers, W., *Urmensch und Urreligion*, Olten, 1944; 2nd ed., 1946. (*Primitive Man and His World Picture*, London, 1925)

————, "Ethnologie und Geschichte," *Anthropos*, 50, 1955, pp. 943-948

Leeuw, G. van der, *Phänomenologie der Religion*, Tübingen, 1933; 2nd ed., 1955

————, *L'homme primitif et la religion*, Paris, 1940

Lévy-Bruhl, L., *Le surnaturel et la nature dans la mentalité primitive*, Paris, 1931

————, *La mythologie primitive*, Paris, 1935

————, *L'expérience mystique et les symboles chez les primitifs*, Paris, 1938

Lowie, R. H., *Primitive Religion*, New York, 1924

de Martino, E., *Naturalismo e storicismo nell' etnologia*, Bari, 1941

————, *Il mondo magico*, Torino, 1948

Mauss, M., and H. Hubert, *Mélanges d'histoire des religions*, Paris, 1909

Mensching, G., *Vergleichende Religionswissenschaft*, Leipzig, 1938; 2nd ed., revised, Heidelberg, 1949

————, *Allgemeine Religionsgeschichte*, Leipzig, 1940

————, *Geschichte der Religionswissenschaft*, Bonn, 1948

Mühlmann, W. E., *Geschichte der Anthropologie*, Bonn, 1948

————, "Ethnologie und Geschichte," *Studium Generale*, 1954, pp. 165-177

Otto, R., *Das Heilige*, Breslau, 1917; new ed., Munich, 1947. (*The Idea of the Holy*, London, 1923, rev. ed., 1929)

————, *Aufsätze das Numinose betreffend*, Gotha, 1923

————, W. F., *Theophania—Der Geist der altgriechischen Religion*, Hamburg, 1956

Pinard de la Boullaye, H., *L'étude comparée des religions*, 2 vols., Paris, 1922; 3rd ed., rev. and enlarged, 1929

Radcliffe-Brown, A. R., *Tabu*, Cambridge (England), 1940

Radin, P., *Gott und Mensch in der primitiven Welt*, Zurich, 1953. (*The World of Primitive Man*, New York, 1953)

Schmidt, W., *Handbuch der vergleichenden Religionsgeschichte.*

Ursprung und Wesen der Religion, Münster, 1930. (See also F. Bornemann, "W. Schmidts Vorarbeiten für eine Neuauflage des Handbuchs der Religionsgeschichte," *Anthropos*, 50, 1955, pp. 937-941)

Tacchi Venturi, P., *et al.*, *Storia delle Religioni*, 2 vols., 3rd ed., Torino, 1949

Widengren, G., *Religionens värld*, Stockholm, 1945, 2nd ed., 1953

——, "Evolutionism and the Problem of the Origin of Religion," *Ethnos*, 10, 1945, pp. 57-96

第一章

Allcroft, A. H., *The Circle and the Cross*, I-II, London, 1927-1930

Bertling, C. T., *Vierzahl, Kreuz und Mandala in Asien*, Amsterdam, 1954

Bogoras, W., "Ideas of Space and Time in the Conception of Primitive Religion," *American Anthropologist*, N. S., 1917, pp. 205-266

Coomaraswamy, A. K., "Symbolism of the Dome," *Indian Historical Quarterly*, XIV, 1938, pp. 1-56

——, *Figures of Speech and Figures of Thought*, London, 1946

Corbin, H., "Terre céleste et corps de résurrection d'après quelques traditions iraniennes," *Eranos-Jahrbuch* XXII, 1954, pp. 97-194

Cuillandre, J., *La droite et la gauche dans les poèmes homériques*, Paris, 1941

Deffontaines, P., *Géographie et religions*, Paris, 1948

Deubner, L., "Mundus," *Hermes*, 58, 1933, pp. 276-287

Dombart, T., *Der Sakralturm. I: Zigurat*, Munich, 1920

Dumézil, G., *Rituels indo-européens à Rome*, pp. 27-43 (=*Aedes Rotunda Vestae*), Paris, 1954

Eliade, M., *The Myth of the Eternal Return,* New York, 1954, Chapters I and II

―――, *Patterns in Comparative Religion,* New York, pp. 367-387

―――, *Images et symboles,* Paris, 1952, pp. 33-72

Gaerte, W., "Kosmische Vorstellungen im Bilde Prähistorischer Zeit: Erdberg, Himmelsberg, Erdnabel und Weltströme," *Anthropos,* 9, 1914, pp. 956-979

Hentze, C., *Bronzegerät, Kultbauten, Religion im ältesten China der Chang-Zeit,* Antwerp, 1951

Müller, W., *Kreis und Kreuz,* Berlin, 1938

―――, *Die blaue Hütte,* Wiesbaden, 1954

Mus, P., *Barabudur: Esquisse d'une histoire du bouddhisme fondée sur la critique archéologique des textes,* I-II, Hanoi, 1935

Nissen, H., *Orientatio: Studien zur Geschichte der Religion,* I-III, Berlin, 1906-1910

Ränk, G., *Die heilige Hinterecke im Hauskult der Völker Nordosteuropas und Nordasiens,* Helsinki, 1949

Roscher, W. H., "Neue Omphalosstudien," *Abh. der Königl. Sächs. Ges. d. Wiss., Phil.-hist. Klasse,* 31, 1, 1915

Sedlmayr, H., "Architektur als abbildende Kunst." *Österr. Akad. d. Wiss., Phil.-hist. Klasse, Sitzungsber.* 225/3, Vienna, 1948

―――, *Die Entstehung der Kathedrale,* Zurich, 1950

Tucci, G., *Mc'od rten e Ts' a-ts'a nel Tibet Indiano ed Occidentale. Contributo allo studio dell' arte religiosa tibetano nel suo significato. Indo-Tibetica* I, Rome, 1932

―――, *Il Simbolismo archittectonico dei tempi di Tibet Occidentale. Indo-Tibetica* III-IV, Rome, 1938

Weinstock, S., "Templum," *Mitt. d. Deutschen Archäol. Inst., Römische Abt.,* 45, 1930, pp. 111-123

Wensinck, A. J., *The Ideas of the Western Semites Concerning the Navel of the Earth,* Amsterdam, 1916

第二章

Coomaraswamy, A. K., *Time and Eternity*, Ascona, 1947

Corbin, H., "Le temps cyclique dans le mazdéisme et dans l'ismaélisme," *Eranos-Jahrbuch*, XX, 1952, pp. 149-218

Culmann, O., *Christus und die Zeit*, Basel, 1946

Dumézil, G., "Temps et mythes," *Recherches philosophiques*, V, 1935-1936, pp. 235-251

Eliade, M., *The Myth of the Eternal Return*, New York, 1954, Chapters II and III

———, "Le temps et l'éternité dans la pensée indienne," *Eranos-Jahrbuch*, XX, 1951, pp. 219-252; *Images et symboles*, Paris, 1952, pp. 73-119

Goodenough, E. R., "The Evaluation of Symbols Recurrent in Time, as illustrated in Judaism," *Eranos-Jahrbuch*, XX, 1952, pp. 285-320

Leeuw, G. Van der, "Urzeit und Endzeit," *Eranos-Jahrbuch*, XVII, 1950, pp. 11-51

Marquart, J., "The Nawroz, its History and Significance," *Journal of the Cama Oriental Institute*, No. 31, Bombay, 1937, pp. 1-51

Mauss, M. and H. Hubert, "La représentation du temps dans la religion et la magie" in *Mélanges d'histoire des religions*, 1909, pp. 190-229

Mus, P., "La notion de temps réversible dans la mythologie bouddhique." *Annuaire de l'École pratique des Hautes Études, Section des Sciences Religieuses*, Melun, 1939

Nilsson, M. P., *Primitive Time Reckoning*, Lund, 1920

Pallis, S. A., *The Babylonian* akîtu *Festival*, Copenhagen, 1926

Puech, H. C., "La gnose et le temps," *Eranos-Jahrbuch*, XX, 1952, pp. 57-114

Quispel, G., "Zeit und Geschichte im antiken Christentum" *Eranos-Jahrbuch*, XX, 1952, pp. 115-140

Reuter, H., *Die Zeit. Eine religionswissenschaftliche Unter-suchung, Diss.*, Bonn, 1941

Scheftelowitz, J., *Die Zeit als Schicksalsgottheit in der indischen und iranischen Religion*, Stuttgart, 1929

Wensinck, A. J., "The Semitic New Year and the Origin of Eschatology," *Acta Orientalia*, I, 1923, pp. 158-199

Werblowsky, R. J. Zwi, "Hanouca et Noël ou Judaïsme et Christianisme," *Revue de l'histoire des religions*, Jan.-Mar. 1954, pp. 30-68

Wilhelm, H., "Der Zeitbegriff im Buch der Wandlungen," *Eranos-Jahrbuch*, XX, 1952, pp. 321-349

Zimmern, H., "Zum babylonischen Neujahrsfest," 1-2, Leipzig, 1906, 1918: *Berichte über die Verhandl. d. Kgl. Sächs. Ges. d. Wiss.*, 58, 3; 70, 5

MYTHS

Baumann, H., *Schöpfung und Urzeit des Menschen im Mythus der afrikanischen Völker*, Berlin, 1936

Caillois, R., *Le mythe et l'homme*, Paris, 1938

Ehrenreich, P., *Die allgemeine Mythologie und ihre ethnologischen Grundlagen*, Leipzig, 1910

Gusdorf, G., *Mythe et métaphysique*, Paris, 1953

Hooke, S. H. (ed.), *Myth and Ritual*, London, 1934

———, *The Labyrinth*, London, 1935

Jensen, A. E., *Das religiöse Weltbild einer frühen Kultur*, Stuttgart, 1948

———, *Mythos und Kult bei Naturvölkern*, Wiesbaden, 1951

Jung, C. G., and K. Kerényi, *Einführung in das Wesen der Mythologie*, Amsterdam-Zurich. 1941

Kluckhohn, C., "Myths and Rituals. A General Theory," *Harvard Theological Review*, 35, 1942, pp. 45-79

Lévy-Bruhl, L., *La mythologie primitive. Le monde mythique des Australiens et des Papous*, Paris, 1936

Malinowski, B., *Myth in Primitive Psychology*, London, 1926

Pettazzoni, R., "Die Wahrheit des Mythos," *Paideuma*, IV, 1950, pp. 1-10

————, "Myths of Beginnings and Creation-Myths," *Essays on the History of Religion*, Leiden, 1954, pp. 24-36

Preuss, K. T., *Der religiöse Gehalt der Mythen*, Tübingen, 1933

Untersteiner, M., *La fisiologia del mito*, Milan, 1946

第三章

Altheim, F., *Terra Mater*, Giessen, 1931

Bachofen, J. J., *Das Mutterrecht*, Basel, 1861; 3rd ed., 1948

Beirnaert, L., "La dimension mythique dans le sacramentalisme chrétien," *Eranos-Jahrbuch*, XVII, 1950, pp. 255-286

Daniélou, J., *Sacramentum futuri*, Paris, 1950

————, *Bible et liturgie*, Paris, 1951

————, *Les Saints païens de l'Ancien Testament*, Paris, 1956

Dieterich, A., *Mutter Erde*, 3rd ed., Leipzig-Berlin, 1925

Ehrenreich, P., *Die Sonne im Mythos*, Leipzig, 1915

Eliade, M., *Patterns in Comparative Religion*, New York, pp. 38-366

————, "La terre-mère et les hiérogamies cosmiques," *Eranos-Jahrbuch*, XXII, 1954, pp. 57-95 (*Mythes, rêves et mystères*, Paris, 1957, pp. 206-252)

Frazer, Sir J., *The Golden Bough*, I-XII, 3rd ed., London, 1911-1918

————, *The Worship of Nature*, I, London, 1926

Haekel, J., "Zum Problem des Mutterrechtes," *Paideuma*, V, 1953-54, pp. 298-322; 481-508

Hatt, G., "The Corn Mother in America and Indonesia," *Anthropos*, 46, 1951, pp. 853-914

Hentze, C., *Mythes et symboles lunaires*, Antwerp, 1932

Holmberg, U., "Der Baum des Lebens," Helsinki. *Annales Academiae Scientiarum Fennicae*, Series B, Vol. XVI,

1922-23

Kühn, H., "Das Problem des Urmonotheismus," Wiesbaden, *Akad. d. Wiss. u. d. Lit., Abh. d. geistes- u. sozialwiss. Klasse*, 1951, pp. 1639-1672

Mannhardt, W., *Wald- und Feldkulte*, I-II, 2nd ed., Berlin, 1904-1905

Meyer, J. J., *Trilogie altindischer Mächte und Feste der Vegetation*, I-III, Zurich-Leipzig, 1937

Nyberg, B., *Kind und Erde*, Helsinki, 1931

Pettazzoni, R., *Dio, L'Essere celeste nelle credenze dei popoli primitivi*, Rome, 1922

———, "Allwissende höchste Wesen bei primitivsten Völkern," *Archiv für Religionswissenschaft*, 29, 1930, pp. 109-129; 209-243

———, *L'onniscienza di Dio*, Turin, 1955

Schmidt, W., *Ursprung der Gottesidee*, I-XII, Münster in Westfalen, 1926-1955

———, *Das Mutterrecht*, Vienna, 1955

Wensinck, A. J., *Tree and Bird as Cosmological Symbols in Western Asia*, Amsterdam, 1921

第四章

Coomaraswamy, A. K., " 'Spiritual Paternity' and the 'Puppet-Complex,' " *Psychiatry*, 8, No. 3, August 1945, pp. 25-35

Dumézil, G., *Jupiter, Mars, Quirinus*, Paris, 1941

———, *Horace et les Curiaces*, Paris, 1942

———, *Servius et la Fortune*, Paris, 1943

———, *Naissance de Rome*, Paris, 1944

———, *Naissance d'Archanges*, Paris, 1945

———, *Tarpeia*, Paris, 1947

———, *Mitra-Varuna*, 2nd ed., Paris, 1948

———, *Loki*, Paris, 1948

————, *Les Dieux des Indo-Européens*, Paris, 1952

Eliade, M., "Cosmical Homology and Yoga," *Journal of the Indian Society of Oriental Art*, Calcutta, 1937, pp. 188-203

————, "Mystère et régénération spirituelle dans les religions extra-européennes," *Eranos-Jahrbuch*, XXIII, 1955, pp. 57-98 (*Mythes, rêves, et mystères*, Paris, 1957, pp. 254-305)

Grassi, E., *Reisen ohne anzukommen. Südamerikanische Meditationen*, Hamburg, 1955

Hentze, C., *Tod, Auferstehung, Weltordnung. Das mythische Bild im ältesten China*, Zurich, 1955

Höfler, O., *Kultische Geheimbünde der Germanen*, I, Frankfurt-am-Main, 1934

————, *Germanisches Sakralkönigtum*, I, Munich-Cologne, 1953

Jensen, A. E., *Beschneidung und Reifezeremonien bei Naturvölkern*, Stuttgart, 1932

Kerényi, K., *Prometheus. Das griechische Mythologem von der menschlichen Existenz*, Zurich, 1946

Loeb, E. M., *Tribal Initiation and Secret Society*. Univ. of California Publications in American Archaeology and Ethnology, 25, 3, pp. 249-288, 1929

Nyberg, H. S., *Die Religionen des alten Iran*, Leipzig, 1938

Peuckert, W. E., *Geheimkulte*, Heidelberg, 1951

Schurtz, H., *Altersklassen und Männerbünde*, Berlin, 1902

Slawik, A., "Kultische Geheimbünde des Japaner und Germanen," *Wiener Beiträge zur Kulturgeschichte und Linguistik*, IV, Vienna, 1936, pp. 675-764

de Vries, J., *Altgermanische Religionsgeschichte*, Vol. I, 2nd ed., Berlin, 1956, Vol. II, 2nd ed., Berlin, 1957

Wach, J., *Sociology of Religion*, Chicago, 1944

Webster, H., *Primitive Secret Society*, New York, 1908

Weiser, L., *Altgermanische Jünglingsweihen und Männerbünde*,

Leipzig, 1927

Widengren, G., *Hochgottglaube im alten Iran*, Uppsala, 1938

———, *The King and the Tree of Life in Ancient Near Eastern Religion*, Uppsala, 1951

———, *Sakrales Königtum im Alten Testament und im Judentum*, Stuttgart, 1955

Wikander, S., *Der arische Männerbund*, Lund, 1938

———, *Vayu*, I, Uppsala, Leipzig, 1941

Wolfram, R., *Schwerttanz und Männerbund*, I-III, Kassel, 1936 ff.

———, "Weiberbünde," *Zeitschrift für Volkskunde*, 42, 1933, pp. 143 ff.

【附錄四】
延伸閱讀

- 《世界宗教理念史》（全三卷）（2023）：默西亞・埃里亞德（Mircea Eliade），商周。
- 《神聖的顯現：比較宗教、聖俗辯證，與人類永恆的企盼》（2022），米爾恰・伊利亞德（Mircea Eliade），心靈工坊。
- 《金枝：巫術與宗教之研究》（2023），詹姆斯・喬治・弗雷澤（James George Frazer），五南。
- 《論神聖》（1995），魯道夫・奧托（Rudolf Otto），四川人民出版社。
- 《宗教經驗之種種》（2022），威廉・詹姆斯（William James），立緒。
- 《圖騰與禁忌》（2001），弗洛伊德（Sigmund Freud），米娜貝爾。
- 《人及其象徵：榮格思想精華》（2013），卡爾・榮格（Carl G. Jung），立緒。
- 《東洋冥想的心理學：從易經到禪》（2001），卡爾・榮格（Carl G. Jung），商鼎。
- 《自我與原型：深度剖析個體化與心靈的宗教功能》（2023），愛德華・艾丁傑（Edward Edinger），心靈工坊。

- 《神聖生態學》（2023），費克雷特·伯克斯（Fikret Berkes），網路與書出版。
- 《日常生活中的當代宗教：宗教的個人化與關係性存有》（2015），黃應貴、丁仁傑等，群學。
- 《分別為聖：長老教會·普渡·通靈象徵》（2016），王鏡玲，前衛。
- 《慶典美學》（2011），王鏡玲，博客思。
- 《靈力具現：鄉村與都市中的民間宗教》（2020），林瑋嬪，國立臺灣大學出版中心。
- 《伊斯蘭、現代性與後殖民》（2011），蔡源林，國立臺灣大學出版中心。
- 《編織家園》（2022），歐蜜·偉浪、林益仁，主流出版社。
- 《傳說裡的心理學（全三冊）》（2022），鐘穎，楓樹林。
- 《宗教心理學之人文詮釋》（2019），蔡怡佳，聯經。
- 《魔神仔的人類學想像》（2014），林美容、李家愷，五南。
- 《鬼神·巫覡·信仰：宗教的動力心理學八講》（2021），宋文里，心靈工坊。
- 《台灣巫宗教的心靈療遇》（2006），余德慧，心靈工坊。

Master 089

聖與俗：神話、儀式，與宗教人的宇宙觀
Das Heilige und das Profane. Vom Wesen des Religiösen.

米爾恰‧伊利亞德 Mircea Eliade ——著
楊素娥——譯　蔡源林——審閱

出版者一心靈工坊文化事業股份有限公司
發行人一王浩威　總編輯一徐嘉俊
執行編輯一趙士尊　封面設計一鄭宇斌
內頁排版一龍虎電腦排版股份有限公司
通訊地址一10684 台北市大安區信義路四段 53 巷 8 號 2 樓
郵政劃撥一19546215　戶名一心靈工坊文化事業股份有限公司
電話一02）2702-9186　傳真一02）2702-9286
Email一service@psygarden.com.tw　網址一www.psygarden.com.tw

製版‧印刷一彩峰造藝股份有限公司
總經銷一大和書報圖書股份有限公司
電話一02）8990-2588　傳真一02）2990-1658
通訊地址一248 新北市新莊區五工五路二號
初版一刷一2024 年 2 月　ISBN—978-986-357-366-1　定價一560 元

國家圖書館出版品預行編目資料

聖與俗：神話、儀式，與宗教人的宇宙觀 / 米爾恰. 伊利亞德 (Mircea Eliade) 著；
楊素娥譯 .-- 初版 .-- 臺北市：心靈工坊文化事業股份有限公司 , 2024.02
面；　公分 . -- (Master ; 89)
譯自：Das Heilige und das Profane. : Vom Wesen des Religiösen.
ISBN 978-986-357-366-1(平裝)

1. CST: 宗教　2. CST: 現象學　3. CST: 宗教哲學

113001415

心靈工坊 書香家族 讀 友 卡

感謝您購買心靈工坊的叢書，為了加強對您的服務，請您詳填本卡，
直接投入郵筒（免貼郵票）或傳真，我們會珍視您的意見，
並提供您最新的活動訊息，共同以書會友，追求身心靈的創意與成長。

書系編號─Master 089　　　書名─聖與俗：神話、儀式，與宗教人的宇宙觀

姓名　　　　　　　　　　　　　　是否已加入書香家族？ □是 □現在加入

電話 (O)　　　　　　　(H)　　　　　　　　手機

E-mail　　　　　　　生日　　年　　　月　　　日

地址 □□□

服務機構　　　　　　　職稱

您的性別─□1.女 □2.男 □3.其他

婚姻狀況─□1.未婚 □2.已婚 □3.離婚 □4.不婚 □5.同志 □6.喪偶 □7.分居

請問您如何得知這本書？
□1.書店 □2.報章雜誌 □3.廣播電視 □4.親友推介 □5.心靈工坊書訊
□6.廣告DM □7.心靈工坊網站 □8.其他網路媒體 □9.其他

您購買本書的方式？
□1.書店 □2.劃撥郵購 □3.團體訂購 □4.網路訂購 □5.其他

您對本書的意見？
□ 封面設計　1.須再改進 2.尚可 3.滿意 4.非常滿意
□ 版面編排　1.須再改進 2.尚可 3.滿意 4.非常滿意
□ 內容　　　1.須再改進 2.尚可 3.滿意 4.非常滿意
□ 文筆／翻譯 1.須再改進 2.尚可 3.滿意 4.非常滿意
□ 價格　　　1.須再改進 2.尚可 3.滿意 4.非常滿意

您對我們有何建議？

□本人同意＿＿＿＿＿＿＿（請簽名）提供（真實姓名/E-mail/地址/電話/年齡/
等資料），以作為心靈工坊（聯絡/寄貨/加入會員/行銷/會員折扣/等之用，
詳細內容請參閱http://shop.psygarden.com.tw/member_register.asp。

心靈工坊
|PsyGarden|

10684台北市信義路四段53巷8號2樓
讀者服務組　收

加入心靈工坊書香家族會員
共享知識的盛宴，成長的喜悅

請寄回這張回函卡（免貼郵票），
您就成為心靈工坊的書香家族會員，您將可以──

⊙隨時收到新書出版和活動訊息

⊙獲得各項回饋和優惠方案